高等教育自学考试系列辅导丛书

丛书组编 四川英华教育文化传播有限公司

Sichuan Yinghua Education & Culture Communication Co.,Ltd

编写依据《中国近现代史纲要自学考试学习读本》（李捷 王顺生主编）（高等教育出

高等教育自学考试『中国近现代史纲要』辅导资料

公共基础课模拟试题集（一）

（思想政治理论课）

主编 梁勤 赵玲

课程代码
03708

西南财经大学出版社
Southwestern University of Finance & Economics Press

中国·成都

图书在版编目（CIP）数据

公共基础课模拟试题集.一/梁勤,赵玲主编.—成都:西南财经大学
出版社,2023.9
ISBN 978-7-5504-5871-0

Ⅰ.①公…　Ⅱ.①梁…②赵…　Ⅲ.①中国历史—近现代—高等教
育—自学考试—习题集　Ⅳ.①K25-44

中国国家版本馆 CIP 数据核字(2023)第 137294 号

公共基础课模拟试题集(一)

GONGGONG JICHUKE MONI SHITIJI(YI)

主编　梁勤　赵玲

策划编辑:冯　雪
责任编辑:冯　雪
责任校对:石晓东
封面设计:张姗姗
责任印制:朱曼丽

出版发行	西南财经大学出版社(四川省成都市光华村街 55 号)
网　　址	http://cbs. swufe. edu. cn
电子邮件	bookcj@ swufe. edu. cn
邮政编码	610074
电　　话	028-87353785
照　　排	四川胜翔数码印务设计有限公司
印　　刷	郫县犀浦印刷厂
成品尺寸	185mm×260mm
印　　张	10.75
字　　数	211 千字
版　　次	2023 年 9 月第 1 版
印　　次	2023 年 9 月第 1 次印刷
印　　数	1— 4500 册
书　　号	ISBN 978-7-5504-5871-0
定　　价	39.80 元

高等教育自学考试系列辅导丛书
编　委　会

丛书前言

　　依靠自己的力量，在有限的时间里学习一门新学科，从不懂到懂，从不会到会，从不理解到理解，从容易遗忘到记忆深刻，从不会应用到熟练应用，从模仿到创新，把书本知识内化为自己的知识，是一个艰难的过程。在这个过程中，自学者不仅需要认真钻研考试大纲，刻苦学习教材和辅导书，还应该做适量的练习，把学和练有机地结合起来，否则，就不能达到预定的学习目标。"纸上得来终觉浅，绝知此事要躬行。"这是每一位自学者都应遵循的信条。

　　编写模拟试题，同样是不容易的事。它对编写者提出了相当高的要求：

　　● 有较深的学术造诣；

　　● 有较丰富的教学经验；

　　● 对高等教育自学考试有深刻的理解并有一定的辅导自学者的经历；

　　● 对考试大纲、教材、辅导书有深入的了解，对文中的重点、难点、相互关系等有准确的理解；

　　● 对自学者的学习需要和已有的知识基础有一定的了解。

　　只有这些要求都满足的编写者才能编写出高质量的，有利于自学者举一反三、事半功倍的练习题。

　　基于学习目标的考虑，我们把模拟试题大致分为四个部分：

　　第一，单项练习，针对一个知识点而设计的练习题。其目的在于帮助自学者理解和记忆基本概念和理论。

　　第二，创造性练习，提供一些案例、事实、材料，使考生应用所学的理论、观点、方法创造性地解决问题。这类问题可能没有统一的答案，只有一些参考性的思路。其目的很明确，就是培养自学者的创新意识和能力。

　　第三，综合自测练习，在整个学科范围内设计练习题，尽量参考考试大纲的题型，组成类似考卷的练习题。其目的在于使自学者及时检测全部学习状况，帮助自学者做好迎接统一考试的知识及心理准备。

第四，历届试题练习，旨在帮助自学者能按正规考试要求进行学习效果的测试。

子曰："学而时习之，不亦说乎。"本书可以让自学者边学边练，有规律地进行复习，这不仅可以提高学习效率，也能给艰难的学习过程带来一些快乐。圣人能够体会到这一点，我们每一位自学者同样能体会到。如果通过这样的学习过程，实现学习目标，实现人生的理想，实现对自我的不断超越，那么我们说这种学习其乐无穷也毫不夸张。

高等教育自学考试系列辅导丛书的编写和出版工作旨在适应新时期高等教育自学考试事业发展和教学手段变革的需要，彰显高等教育自学考试现代教育理念，在继承中创新、在发展中提高，打造符合高等教育自学考试教学规律的经典试题集，这是一项艰巨而复杂的"培根铸魂"式的文化系统工程，需要付出很多的时间与精力。组织编写高等教育自学考试系列辅导丛书是进一步增强辅导丛书育人功能，为服务高等教育自学考试高质量发展做出的有益的探索和实践。

先进思想引领伟大事业，面对国家发展、民族复兴的迫切需求，面对时代改革、未来发展带来的巨大挑战，面对知识获取和传授方式的革命性变化，我们应立足现状，不骄不馁。展望未来，任重道远。我们满怀信心，肩负教育事业赋予文化企业的使命，砥砺前行，造就堪当民族复兴大任的"腹有诗书气自华"的时代新人。我们坚信，只要怀有对文化教育事业的诚挚热爱，心系考生，情牵教育，牢记使命，胜利与成功一定属于付出努力的人。

四川英华教育文化传播有限公司自考命题研究组
2022 年 4 月于成都

编写说明

　　《公共基础课模拟试题集（一）》系全国高等教育自学考试本科阶段各专业必修的思想政治理论课程"中国近现代史纲要"的配套参考用书。该课程是依据2004年《中共中央 国务院关于进一步加强和改进大学生思想政治教育的意见》和2005年《中共中央宣传部 教育部关于进一步加强和改进高等学校思想政治理论课的意见》而开设的，兼备思想政治理论课和历史课的特点。本课程主要讲授中国近代以来抵御外来侵略、争取民族独立、推翻反动统治、实现人民解放以及将中国由落后的农业国到先进的工业国，实现国家富强和全体人民共同富裕的历史，帮助考生了解国史、国情，深刻领会历史和人民怎样选择了马克思主义，选择了中国共产党，选择了社会主义，选择了改革开放，树立在中国共产党领导下走中国特色社会主义道路的坚定信念。

　　该课程内容多、难度大，是一门应用性、专业性及知识性较强的学科，因此，考生在复习迎考时常觉得无从下手。为了满足广大考生复习备考之要求，我们根据长期从事高等教育自学考试教学和管理的经验，精心编写了本书。

　　在编写时，我们依据全国高等教育自学考试指导委员会制定的《中国近现代史纲要自学考试大纲》和高等教育出版社出版的《中国近现代史纲要自学考试学习读本》（2018年版）（李捷、王顺生主编）以及历年考试试卷，并结合新的法律法规和科技成果，以模拟试题形式组织编写了本书。编写时，我们力求做到重点突出、内容全面，既有针对性，又有较强的实用性。模拟试卷包括单项选择题、简答题和论述题等常规考试题型以及近年自考试卷真题，并配有较为完整的参考答案，以供考生练习使用。

　　模拟试题毕竟不是真正的考试题，有其局限性，希望考生在认真研读教材、大纲的基础上去练习，不可本末倒置，置教材、大纲于不顾，而一味地做题、猜题、押题，相信考生能理解我们编写此书的良苦用心。"书山有路勤为径，学海无涯苦作舟。"辅导书固然好，但也只是一个助手，在通往成功的路上，更多需要自学者的勤奋和努力。

"梅花香自苦寒来"，考生在学习中国近现代史纲要课程的过程中，只有掌握恰当的学习方法，熟读所学内容，多做练习，才能学好这门课程，取得优异的成绩，实现梦想。

知识随时在更新，我们会根据新形势、新情况，兼顾广大考生需求，编写出更多、更新、更适合自考，更符合自考规律的辅导书。

在编写本书时，我们吸收了国内同行的许多经验和优秀教学成果，并得到西南科技大学、四川大学、四川旅游学院、四川农业大学、成都信息工程大学、成都艺术职业大学、新疆师范高等专科学校、四川科技职业学院、成都航空职业技术学院、四川交通职业技术学院、四川机电职业技术学院、西南财经大学出版社等单位的大力支持，在此一并表示感谢。同时，对所有参与编写工作的老师的辛勤付出与无私奉献表示感谢。

由于编写时间仓促和经验不足，不妥之处在所难免，希望考生和助学教师在使用过程中批评指正，我们将会在再版时，进行更新与完善。

四川英华教育文化传播有限公司自考命题研究组

2023 年 5 月于成都

目 录

第一篇　综合模拟试卷

第二篇　近年自考试题汇编

第一篇
综合模拟试卷

全国高等教育自学考试
中国近现代史纲要模拟试卷（一）

（课程代码　03708）

第一部分　选择题（50分）

一、**单项选择题**（本大题共25小题，每小题2分，共50分。在每小题列出的四个备选项中只有一个是符合题目要求的，请将其代码填写在题后的括号内。错选、多选或未选均无分）

1. 1842 年，中英《南京条约》开放的通商口岸是（　　　）。

    A. 广州、厦门、福州、南京、上海

    B. 广州、汉口、福州、南京、上海

    C. 广州、厦门、福州、宁波、上海

    D. 广州、汉口、福州、宁波、上海

2. 中国最早的一批产业工人产生在（　　　）。

    A. 洋务企业中　　　　　　　　B. 外国资本经营的近代工商业中

    C. 民族资本主义企业中　　　　D. 私人小作坊中

3. 中国近代史上第一个具有资本主义色彩的改革和建设方案是（　　　）。

    A.《海国图志》　　　　　　　　B.《资政新篇》

    C.《天朝田亩制度》　　　　　　D.《变法通议》

4. 1978 年 12 月中共十一届三中全会以来改革开放新时期的最突出的标志是（　　　）。

A. 改革开放　　　　　　　　　B. 快速发展

C. 以人为本　　　　　　　　　D. 与时俱进

5. 我国第一批对外开放的经济特区是（　　　）。

A. 深圳、珠海、广州、厦门　　　B. 深圳、广州、厦门、汕头

C. 深圳、广州、福州、厦门　　　D. 深圳、珠海、厦门、汕头

6. 1958 年提出的社会主义建设总路线的缺点是（　　　）。

A. 高指标　　　　　　　　　　B. 多、快、好、省

C. 浮夸风　　　　　　　　　　D. 忽视客观规律

7. 资产阶级革命派同改良派论战的焦点是（　　　）。

A. 要不要实现"耕者有其田"

B. 要不要以革命手段推翻清政府

C. 要不要推翻帝制，实现共和

D. 要不要进行社会革命

8. 清末保路运动是（　　　）。

A. 一场事关民族权益和个人利益的运动

B. 保护道路不受破坏的运动

C. 各省立宪派自始至终倡导武装保路

D. 直接导致了清政府的覆亡

9. 袁世凯建立的北洋军阀政权代表的是（　　　）。

A. 大地主和买办资产阶级的利益

B. 大资产阶级的利益

C. 民族资本家和中小资产阶级的利益

D. 无产阶级和广大人民的利益

10. 标志着党在指导思想上拨乱反正胜利完成的事件是（　　　）。

A.《关于建国以来党的若干历史问题的决议》的通过

B. 1982 年平反冤、假、错案工作的结束

C. 中共十一届五中全会为刘少奇平反和恢复名誉

D. 中国共产党第十二次全国代表大会的召开

11. 五四运动的导火线是（　　）。

　　A. 德国强占胶州湾　　　　　B. 巴黎和会的召开

　　C. 巴黎和会上中国外交的失败　D.《九国公约》的签订

12. 中国共产党成立后，组织成立的领导工人运动的专责机关是（　　）。

　　A. 全国工人总工会　　　　　B. 京汉铁路总工会

　　C. 中国青年党　　　　　　　D. 中国劳动组合书记部

13. 在中间派别中，由邓演达领导的是（　　）。

　　A. 中国国民党临时行动委员会　B. 乡村建设派

　　C. 中国青年党　　　　　　　D. 中国国家社会党

14. 1927 年 8 月 7 日，中共中央在汉口秘密召开紧急会议，确定的方针是（　　）。

　　A. 土地革命和武装斗争　　　B. 独立领导中国革命

　　C. 建立广泛的统一战线　　　D. 建立农村革命根据地

15. 1956 年 1 月，中共中央召开关于知识分子问题会议，动员全党和全国人民（　　）。

　　A.“实现教育的现代化”　　　B.“攀登科学技术高峰”

　　C.“向科学进军”　　　　　　D.“实现科学技术的现代化”

16. 标志着十年内战局面结束，国内和平基本实现，成为扭转时局关键的事件是（　　）。

　　A.“一二·九”运动　　　　　B. 瓦窑堡会议

　　C. 西安事变和平解决　　　　D. 七七事变

17. 中共中央发表的《抗日救国十大纲领》指出，打倒日本帝国主义的关键在于（　　）。

　　A. 坚持无产阶级的领导权

　　B. 发动独立自主的游击战

　　C. 国民党正面战场应发挥主导

　　D. 使抗战成为全面的全民族的抗战

18. 提出“精兵简政”政策的是（　　）。

    A. 林伯渠   B. 李鼎铭

    C. 董必武   D. 邓演达

19. 中国共产党指出，战胜蒋介石的政治基础是（　　　）。

    A. 人民解放战争所具有的爱国的正义的革命的性质，必然要获得全国人民的拥护

    B. 蒋介石多行不义必自毙

    C. 美国看着中国共产党壮大，不会总站在国民党这边

    D. 中国共产党力量不断壮大

20. 解放战争前期，明确规定废除封建性及半封建性剥削的土地制度的文献是（　　　）。

    A.《关于清算、减租及土地问题的指示》

    B.《中国土地法大纲》

    C.《五四指示》

    D.《中华人民共和国土地法大纲》

21. 标志着民盟站到了新民主主义革命的立场上来的是（　　　）。

    A. 民盟一届三中全会

    B. 国民党当局宣布民盟"为非法团体"

    C. 民盟总部发表公告

    D. 中国民主同盟全国代表大会

22. 中华人民共和国成立初期，中国共产党为争取国家财政经济状况根本好转而召开的会议是（　　　）。

    A. 七届二中全会   B. 七届三中全会

    C. 最高国务会议   D. 中共八大

23. "三反"主要针对的对象是（　　　）。

    A. 资本家   B. 党政机关工作人员

    C. 工商业经营者   D. 旧政权中留下来的工作人员

24. 初级农业生产合作社具有（　　　）。

    A. 社会主义的萌芽性质   B. 半社会主义的性质

C. 完全社会主义的性质　　　D. 新民主主义社会的性质

25. 从 1994 年起，国有企业改革的总体思路是（　　）。

A. 提高企业竞争力　　　　　B. 建立现代企业制度

C. 实行公司制、股份制　　　D. 转换企业经营机制

第二部分　非选择题（50分）

二、简答题（本大题共 5 小题，每小题 6 分，共 30 分）

26. 简述太平天国农民战争爆发的原因。

27. 简述洋务派兴办洋务的主要内容。

28. 简述中国的红色政权存在和发展的原因和条件。

29. 简述中国人民的抗日战争对世界反法西斯战争的贡献。

30. 简述中共十七大的主题和完成的使命。

三、论述题（本大题共 3 小题，考生任选其中 2 题作答，每小题 10 分，共 20 分。如果考生回答的题目超过 2 题，只按考生回答题目的前 2 题计分）

31. 论述中国共产党的成立是"开天辟地"的大事件。

32. 论述以毛泽东为主要代表的中国共产党人早期在探索建设社会主义道路上所取得的成果。

33. 论述中国共产党提出的过渡时期总路线反映了历史的必然。

全国高等教育自学考试
中国近现代史纲要模拟试卷（一）
参考答案

（课程代码　03708）

一、单项选择题（本大题共 25 小题，每小题 2 分，共 50 分）

1. C	2. B	3. B	4. D	5. D	6. D	7. B	8. A	9. A
10. A	11. C	12. D	13. A	14. A	15. C	16. C	17. D	18. B
19. A	20. B	21. A	22. B	23. B	24. B	25. B		

二、简答题（本大题共 5 小题，每小题 6 分，共 30 分）

26. 答：第一，根本原因是封建专制政权和地主阶级对农民的政治压迫和经济剥削。

第二，鸦片战争使中国社会的阶级矛盾普遍激化。鸦片战争中清政府所消耗的战争经费、战争赔款都摊派给各省担负，其结果便是层层转嫁给农民。鸦片战争开始后，外国商品输入，鸦片贩卖年年激增，加速了中国社会经济的萎缩，影响了人民生计。

第三，太平天国农民起义发生前十年，全国自然灾害频发，大量灾民流离失所。残酷的压迫和剥削，迫使广大人民走上了反抗的道路。

27. 答：第一，兴办近代企业，洋务派最早兴办的是军用工业，30 余年中先后创办了 24 个兵工厂。为了解决军事工业原料和交通运输需要以及弥补亏空，从 19 世纪 70 年代开始，洋务派开始创办民用企业。

第二，建立新式海陆军。到 19 世纪 90 年代，洋务派分别建成福建水师、广东水师、南洋水师、北洋水师。北洋水师是清政府的主力。

第三，创办新式学堂、派遣留学生。为了培养懂得西方先进技术的专业人才，洋务派先后创办新式学堂30多所，先后派遣4批120名幼童赴美学习。

28. 答：第一，中国是一个被几个帝国主义国家间接统治的政治经济发展极端不平衡的半殖民地半封建的大国。这是红色政权能够存在和发展的根本原因。

第二，第一次国内革命战争的影响。这是一个客观条件。

第三，全国革命形势的继续向前发展。这是又一个客观条件。

第四，相当力量的正式红军的存在。这是红色政权存在的主观条件。

第五，共产党组织的坚强有力和各项政策的正确贯彻执行。这是又一个主观条件。

29. 答：第一，中国人民抗日战争是世界反法西斯战争的重要组成部分。中华民族为世界反法西斯战争的胜利做出了巨大的民族牺牲。

第二，中国人民抗日战争是世界反法西斯战争的东方主战场。在世界反法西斯战争中，中国人民抗日战争开始最早，持续时间最长。

第三，中国人民的持久抗战，不仅遏制了日本的"北进"计划，迟滞了日本的"南进"步伐，而且大大减轻了其他战场的压力，为同盟军队实现太平洋战场的转折和实施战略反攻创造了有利条件。

30. 答：第一，党的十七大的主题是高举中国特色社会主义伟大旗帜，以邓小平理论和"三个代表"重要思想为指导，深入贯彻落实科学发展观，继续解放思想，坚持改革开放，推动科学发展，促进社会和谐，为夺取全面建设小康社会新胜利而奋斗。

第二，大会完成了三项使命：一是审议并一致通过了胡锦涛同志代表第十六届中央委员会作的大会报告。二是审议并一致通过了党章修正案。三是选举产生新一届党的中央委员会。

三、论述题（本大题共3小题，考生任选其中2题作答，每小题10分，共20分。如果考生回答的题目超过2题，只按考生回答题目的前2题计分）

31. 答：中国共产党的成立是一个"开天辟地"的大事件，具有划时代的伟大意义。

第一，它标志着中国革命终于有了一个坚强的领导核心。中国共产党不仅代表了中国工人阶级的利益，而且代表着中国人民和中华民族的利益。它的成立使中国革命有了可信赖的组织者和领导者，使中国工人阶级有了自己的司令部。

第二，中国革命从此有了一个科学的指导思想，中国共产党以马克思列宁主义基本原理观察和分析中国的问题，为中国指明了斗争的目标、革命的前途和走向胜利的道路。

第三，沟通了中国革命与世界革命的联系，把中华民族的解放运动同世界无产阶级社会主义革命运动相联结并成为其中一部分，使中国革命有了新的前途。

总之，正如毛泽东同志指出的，自从有了中国共产党，中国革命的面目就焕然一新了。

32. 答：从 1956 年开始，以毛泽东为主要代表的中国共产党人，对中国的社会主义建设道路进行了艰苦的探索，并开始取得积极的成果。

第一，1956 年 4 月，毛泽东发表《论十大关系》，提出了中国社会主义经济建设的若干新方针，提出调动一切积极的因素，把我国建设成一个强大的社会主义国家，为我国社会主义建设探索做出了良好的开局。

第二，1956 年 9 月，中共八大召开，大会正确地分析了国内的主要矛盾和主要任务，指出党和全国人民当前的主要任务是集中力量发展生产力。大会对经济建设、政治建设、执政党建设提出了正确的指导方针。大会集中全党智慧总结提出的探索中国建设社会主义道路的重要成果，对社会主义建设事业和党的事业的发展有着长远的指导意义。

第三，1957 年 2 月，毛泽东在扩大的最高国务会议上发表《关于正确处理人民内部矛盾的问题》的讲话，提出要把正确处理人民内部矛盾作为国家政治生活的主题。文章科学分析了社会主义社会的基本矛盾，概括提出了区分和处理敌我和人民内部两类矛盾的学说。

33. 答：（1）社会主义性质的国营经济是实现国家工业化的主要基础。国家的社会主义工业化是国家独立和富强的必然要求和必要条件。

（2）资本主义经济力量弱小，发展困难，不能成为中国工业起飞的基础。我国通过国家资本主义的形式为对资本主义工商业进行社会主义改造积累了初步经验。

（3）对个体农业进行社会主义改造，是保证工业发展、实现国家工业化的一个必要条件。必须通过农业合作化促进农业生产，以满足日益增长的人民生活和工业发展的需要。

（4）当时的国际环境也促使中国选择社会主义。中华人民共和国成立后，长期受到西方资本主义国家的封锁和遏制，只有社会主义阵营的苏联援助中国。

全国高等教育自学考试
中国近现代史纲要模拟试卷（二）

（课程代码 03708）

第一部分 选择题（50分）

一、单项选择题（本大题共25个小题，每小题2分，共50分。在每小题列出的四个备选项中只有一个是符合题目要求的，请将其代码填写在题后的括号内。错选、多选或未选均无分）

1. 19 世纪初，向中国大肆走私鸦片的主要国家是（　　）。

    A. 美国　　　　　　　　　　B. 英国

    C. 日本　　　　　　　　　　D. 俄国

2. 将中国领土台湾割让给日本的不平等条约是（　　）。

    A.《南京条约》　　　　　　　B.《北京条约》

    C.《马关条约》　　　　　　　D.《瑷珲条约》

3. 基督教在近代中国设立的最大出版机构广学会发行的报纸是（　　）。

    A.《中国丛报》　　　　　　　B.《北华捷报》

    C.《字林西报》　　　　　　　D.《万国公报》

4. 中国近代史上人民群众第一次大规模的反侵略武装斗争是（　　）。

    A. 三元里人民的抗英斗争　　　B. 太平天国抗击洋枪队的斗争

    C. 台湾人民的抗日斗争　　　　D. 义和团抗击八国联军的斗争

5. 鸦片战争后，提出"师夷长技以制夷"思想的是（　　）。

A. 林则徐   B. 王韬

C. 龚自珍   D. 魏源

6. 1853 年，太平天国定都天京后颁布的纲领性文件是（   ）。

    A.《原道觉世训》   B.《十款天条》

    C.《天朝田亩制度》   D.《资政新篇》

7. 戊戌维新时期，维新派在上海创办的影响较大的报刊是（   ）。

    A.《时务报》   B.《国闻报》

    C.《湘报》   D.《新民丛报》

8. 为反对袁世凯的独裁和卖国行径，孙中山在 1913 年领导革命党人发动了（   ）。

    A. 二次革命   B. 护国战争

    C. 护法战争   D. 北伐战争

9. 1918 年 5 月，鲁迅发表的第一篇白话文小说是（   ）。

    A.《阿 Q 正传》   B.《狂人日记》

    C.《药》   D.《孔乙己》

10. 中国近代史上第一次彻底反帝反封建的革命运动是（   ）。

    A. 辛亥革命   B. 五四运动

    C. 五卅运动   D. 国民革命

11. 1921 年 9 月，中国共产党领导成立的第一个农民协会是在（   ）。

    A. 湖南省湘潭县   B. 广东省海丰县

    C. 浙江省萧山县   D. 福建省上杭县

12. 国民党在全国统治建立后，官僚资本的垄断活动首先和主要是（   ）。

    A. 从农业方面开始的   B. 从重工业方面开始的

    C. 从商业方面开始的   D. 从金融业方面开始的

13. 中国共产党独立领导革命战争和创建人民军队的开端是（   ）。

    A. 南昌起义   B. 秋收起义

    C. 平江起义   D. 百色起义

14. 1933 年 11 月，国民党爱国将领蔡廷锴和蒋光鼐等发动的抗日反蒋事件是（　　）。

    A. 宁都起义　　　　　　　　B. 福建事变

    C. 西安事变　　　　　　　　D. 二二八起义

15. 1946 年 6 月，国民党军队挑起全面内战的起点是（　　）。

    A. 大举围攻中原解放区　　　B. 大举围攻东北解放区

    C. 重点进攻陕甘宁边区　　　D. 重点进攻山东解放区

16. 1948 年 9 月，中国人民解放军发起战略决战的第一个战役是（　　）。

    A. 辽沈战役　　　　　　　　B. 淮海战役

    C. 平津战役　　　　　　　　D. 渡江战役

17. 1949 年 3 月，中国共产党在河北省平山县西柏坡召开的重要会议是（　　）。

    A. 中共六大　　　　　　　　B. 中共六届六中全会

    C. 中共七大　　　　　　　　D. 中共七届二中全会

18. 新中国成立初期，社会主义国营经济建立的主要途径是（　　）。

    A. 征用外国资本　　　　　　B. 赎买民族资本

    C. 没收官僚资本　　　　　　D. 合并公营资本

19. 在探索中国社会主义建设道路过程中，提出社会主义社会基本矛盾学说的是（　　）。

    A. 刘少奇　　　　　　　　　B. 毛泽东

    C. 陈云　　　　　　　　　　D. 周恩来

20. 中华人民共和国第一次正式提出实现"四个现代化"奋斗目标的会议是（　　）。

    A. 第一届全国人民代表大会　B. 第二届全国人民代表大会

    C. 第三届全国人民代表大会　D. 第四届全国人民代表大会

21. 邓小平在 1979 年 3 月的中央理论工作务虚会上明确提出，必须坚持（　　）。

    A. "一个中国"的原则　　　　B. "两手抓、两手都要硬"的方针

    C. 四项基本原则　　　　　　D. "三个有利于"的标准

22. 1988 年，中共中央和国务院决定建立的经济特区是（　　）。

    A. 海南经济特区　　　　　　　B. 汕头经济特区

    C. 厦门经济特区　　　　　　　D. 珠海经济特区

23. 中国共产党明确提出我国建立社会主义市场经济体制目标的会议是（　　）。

    A. 中共十三大　　　　　　　　B. 中共十四大

    C. 中共十五大　　　　　　　　D. 中共十六大

24. 2005 年，第十届全国人民代表大会第三次会议通过的法律是（　　）。

    A.《中华人民共和国香港特别行政区基本法》

    B.《中华人民共和国澳门特别行政区基本法》

    C.《中华人民共和国国家安全法》

    D.《反分裂国家法》

25. 中共十八大提出，我国到 2020 年的奋斗目标是（　　）。

    A. 实现"四个现代化"　　　　B. 基本实现现代化

    C. 全面建设小康社会　　　　　D. 全面建成小康社会

第二部分　非选择题（50 分）

二、简答题（本大题共 5 小题，每小题 6 分，共 30 分）

26. 简述洋务运动的历史作用。

27. 简述中国早期马克思主义信仰者的三种类型及其代表人物。

28. 简述 20 世纪 20 年代后期和 30 年代前期，中国共产党党内屡次出现"左"倾错误的主要原因。

29. 简述新民主主义革命的总路线和三大经济纲领。

30. 简述毛泽东提出的关于社会主义的发展阶段和现代化建设的战略目标。

三、论述题 （本大题共 3 小题，考生任选其中 2 题作答，每小题 10 分，共 20 分。如果考生回答的题目超过 2 题，只按考生回答题目的前 2 题计分）

31. 试述 1905 年至 1907 年资产阶级革命派与改良派的论战及其意义。

32. 试述毛泽东在《论持久战》一文中对中日双方互相矛盾的四个特点的分析。

33. 试述我国对个体农业进行社会主义改造的基本原则和方针。

全国高等教育自学考试
中国近现代史纲要模拟试卷（二）
参考答案

（课程代码 03708）

一、单项选择题（本大题共 25 小题，每小题 2 分，共 50 分）

1. B 2. C 3. D 4. A 5. D 6. C 7. A 8. A 9. B

10. B 11. C 12. D 13. A 14. B 15. A 16. A 17. D 18. C

19. B 20. C 21. C 22. A 23. B 24. D 25. D

二、简答题（本大题共 5 小题，每小题 6 分，共 30 分）

26. 答：（1）在客观上促进了中国早期工业和民族资本主义的发展。洋务派继承了魏源的"师夷长技以制夷"的思想，以"求强""求富"为目标，发展军事工业，发展若干民用企业，使资本主义经济成分在社会经济中明显增长。

（2）成为中国近代教育的开端。为了培养新式外交、军事、科技人才，洋务派开办了一批新式学堂，派出了最早的官派留学生，这是中国近代教育的开始。

（3）传播了新知识，开阔了人们的眼界。洋务派翻译了一批西学的书籍，介绍了西方近代的科学文化知识，给当时的中国带来新知识、新学问，开阔了人们的眼界。

（4）引起了社会风气和价值观念的变化。随着洋务运动的兴起和资本主义生产方式的出现，传统的价值观念也受到冲击，社会风气也有所改变，这都有利于资本主义的发展，有利于社会风气的转变。

27. 答：（1）五四运动前的新文化运动的精神领袖。其代表是李大钊、陈独秀。

（2）五四运动中的左翼骨干，其代表为毛泽东、杨匏安、蔡和森、周恩来等。

（3）一部分原中国同盟会会员、辛亥革命时期的活动家，其代表为董必武、林伯渠、吴玉章等。

28. 答：（1）八七会议后，党内一直存在着浓厚的近乎拼命的冲动，始终没能够从指导思想上得到认真清理。

（2）全党的马克思主义理论准备不足，理论素养还不高，实践经验缺乏，王明又时时搬出马克思主义的词句来吓唬人，容易使一些干部受到蒙骗。

（3）共产国际的干预以及王明的全力支持，使许多人失去识别和抵制能力。

29. 答：

（1）1948年4月，毛泽东在《晋绥干部会议上的讲话》中完整地提出中国共产党在新民主主义革命阶段的总路线和总政策是：无产阶级领导的，人民大众的，反对帝国主义、封建主义和官僚资本主义的革命。

（2）1947年12月，毛泽东在《目前形势和我们的任务》的报告中提出了新民主主义革命的三大经济纲领，即没收封建阶级的土地归农民所有，没收以蒋介石、宋子文、孔祥熙、陈立夫为首的垄断资本归新民主主义的国家所有，保护民族工商业。

30. 答：

（1）毛泽东同志提出，社会主义可分为两个阶段：第一阶段是不发达的社会主义，第二阶段是比较发达的社会主义。后一阶段可能比前一阶段需要更长时间。

（2）社会主义现代化建设的战略目标是要把中国建设成为一个具有现代农业、现代工业、现代国防和现代科学技术的强国。

三、论述题（本大题共3小题，考生任选其中2题作答，每小题10分，共20分。如果考生回答的题目超过2题，只按考生回答题目的前2题计分）

31. 答：

（1）论战的主要内容：

第一，要不要以革命手段推翻清政府（这是论战的焦点）；

第二，要不要推翻帝制，实行共和；

第三，要不要社会革命。

（2）重要意义：第一，论战划清了革命与改良的界限，使人们清楚地认识到实行民主革命的必要性，主动参加到革命的行列；第二，论战使资产阶级民主思想和三民主义思想得到了更加广泛的传播，为推翻清朝统治的革命斗争奠定了思想基础。

32. 答：

中日双方存在着互相矛盾的四个特点：敌强我弱，敌小我大，敌退步我进步，敌寡助我多助。一方面，日本是强国，中国是弱国，这就决定了抗日战争只能是持久战。另一方面，日本是小国，发动的是退步的、野蛮的侵略战争，在国际上失道寡助；而中国是大国，进行的是进步的、正义的反侵略战争，在国际上得道多助。中国已经有了代表中华民族和中国人民根本利益的共产党及领导的人民军队和抗日根据地。因此，最后胜利是中国的。

33. 答：（1）在中国的条件下，可以走先合作化、后机械化的道路。在土地改革基本完成后，及时将"组织起来"作为农村工作的一件大事来抓。

（2）充分利用和发挥土改后农民生产积极性，通过互助组、初级农业生产合作社（初级社）、高级农业生产合作社（高级社）这种由低到高的互助合作组织形式，实行积极发展、稳步前进、逐步过渡的方针。

（3）农业互助合作的发展坚持自愿和互利原则，采取典型示范、逐步推广的方法，发展一批，巩固一批。

（4）始终把是否增产作为衡量合作社是否办好的标准。

（5）把社会改造同技术改造相结合，在实现农业合作化后，国家努力用先进技术和装备发展农业经济。

全国高等教育自学考试
中国近现代史纲要模拟试卷（三）

（课程代码　03708）

第一部分　选择题（50分）

一、单项选择题（本大题共25个小题，每小题2分，共50分。在每小题列出的四个备选项中只有一个是符合题目要求的，请将其代码填写在题后的括号内。错选、多选或未选均无分）

1. 鸦片战争前中国封建社会的主要矛盾是（　　）。

    A. 地主阶级和农民阶级的矛盾　　B. 帝国主义和中华民族的矛盾

    C. 资产阶级和工人阶级的矛盾　　D. 封建主义和资本主义的矛盾

2. 西方列强对中国的侵略，首先和主要的是（　　）。

    A. 政治控制　　　　　　　　　　B. 军事侵略

    C. 经济掠夺　　　　　　　　　　D. 文化渗透

3. 太平天国由盛而衰的转折点是（　　）。

    A. 长沙战役　　　　　　　　　　B. 北伐受挫

    C. 天京事变　　　　　　　　　　D. 安庆失守

4. 太平天国后期，洪仁玕提出的具有资本主义色彩的改革方案是（　　）。

    A.《四洲志》　　　　　　　　　　B.《海国图志》

    C.《资政新篇》　　　　　　　　　D.《盛世危言》

5. 洋务派创办的第一个规模较大的近代军事工业是（　　）。

　　A. 江南制造总局　　　　　　　B. 金陵机器局

　　C. 马尾船政局　　　　　　　　D. 天津机器局

6. 近代中国向西方派遣第一批留学生是在（　　　）。

　　A. 洋务运动时期　　　　　　　B. 戊戌维新时期

　　C. 清末"新政"时期　　　　　　D. 辛亥革命时期

7. 在中国近代史上，资产阶级思想与封建主义思想的第一次正面交锋是
（　　　）。

　　A. 洋务派与顽固派的论战　　　B. 洋务派与维新派的论战

　　C. 维新派与守旧派的论战　　　D. 革命派与改良派的论战

8. 19 世纪 90 年代，梁启超宣传变法维新主张的著作是（　　　）。

　　A.《新学伪经考》　　　　　　　B.《仁学》

　　C.《人类公理》　　　　　　　　D.《变法通义》

9. 1904 年至 1905 年，为争夺在华利益而在中国东北进行战争的帝国主义国家
是（　　　）。

　　A. 日本与俄国　　　　　　　　B. 美国与英国

　　C. 英国与日本　　　　　　　　D. 美国与俄国

10. 在 1911 年爆发的保路运动中，规模最大、斗争最激烈的省份是（　　　）。

　　A. 湖南　　　　　　　　　　　B. 湖北

　　C. 广东　　　　　　　　　　　D. 四川

11. 第一次国共合作的政治基础是（　　　）。

　　A. 三民主义　　　　　　　　　B. 新三民主义

　　C. 新民主主义　　　　　　　　D. 社会主义

12. 1928 年 12 月，在东北宣布"服从南京国民政府，改易旗帜"的是
（　　　）。

　　A. 孙传芳　　　　　　　　　　B. 吴佩孚

　　C. 张作霖　　　　　　　　　　D. 张学良

13. 1935 年，中国共产党提出抗日民族统一战线新政策的会议是（　　　）。

　　A. 瓦窑堡会议　　　　　　　　B. 洛川会议

    C. 中共六届六中全会   D. 中共六届七中全会

14. 1936 年 10 月，中国工农红军三大主力胜利会师地是（   ）。

    A. 四川懋功地区   B. 甘肃会宁、静宁将台堡

    C. 西康甘孜地区   D. 陕北吴起镇

15. 抗日战争全面爆发后，中国军队取得第一次重大胜利的战役是（   ）。

    A. 平型关战役   B. 台儿庄战役

    C. 百团大战   D. 昆仑关战役

16. 1941 年 3 月，在大后方抗日民主运动中诞生的民主党派是（   ）。

    A. 中国国民党临时行动委员会   B. 中国民主政团同盟

    C. 中国民主促进会   D. 中国民主建国会

17. 1946 年 2 月，国民党特务破坏"庆祝政协成功大会"所制造的惨案是（   ）。

    A. 五卅惨案   B. 确山惨案

    C. 校场口惨案   D. 下关惨案

18. 1951 年年底至 1952 年春，中国共产党在党政机关工作人员中开展的运动是（   ）。

    A. 肃反运动   B. 整风、整党运动

    C. "三反"运动   D. "五反"运动

19. 中国进入社会主义社会的主要标志是（   ）。

    A. 中华人民共和国的成立

    B. "一五"计划的制定

    C. 第一届全国人民代表大会的召开

    D. 社会主义三大改造的完成

20. 1956 年，在中共八大上提出"三个主体，三个补充"思想的是（   ）。

    A. 周恩来   B. 刘少奇

    C. 邓小平   D. 陈云

21. 毛泽东在 1957 年 2 月的最高国务扩大会议上指出，我国政治生活的主题是（   ）。

　　A. 正确处理敌我矛盾

　　B. 正确处理人民内部矛盾

　　C. 正确处理共产党和民主党派的关系

　　D. 正确处理民主和专政的关系

22. 1961 年，中共中央决定对国民经济实行"调整、巩固、充实、提高"方针的会议是（　　）。

　　A. 中共八届五中全会　　　　B. 中共八届六中全会

　　C. 中共八届九中全会　　　　D. 中共八届十中全会

23. 1967 年，老一辈革命家与中央文革小组错误做法进行的抗争被诬称为（　　）。

　　A."一月风暴"　　　　　　B."二月逆流"

　　C."右倾翻案"　　　　　　D."反攻倒算"

24. 中华人民共和国第一颗人造地球卫星发射成功的时间是（　　）。

　　A. 1964 年 10 月　　　　　B. 1966 年 10 月

　　C. 1967 年 10 月　　　　　D. 1970 年 4 月

25. 2001 年，中国对外开放进入一个新阶段的标志是（　　）。

　　A. 加入世界贸易组织　　　　B. 设立海南经济特区

　　C. 开发和开放上海浦东新区　　D. 开放十四个沿海港口城市

第二部分　非选择题（50 分）

二、简答题（本大题共 5 小题，每小题 6 分，共 30 分）

26. 简述旧民主主义革命时期中国人民反侵略战争失败的原因。

27. 简述以孙中山为首的资产阶级革命派反对北洋军阀统治的主要斗争。

28. 简述中共八七会议的主要内容。

29. 简述中国人民抗日战争在世界反法西斯战争中的地位。

30. 简述中华人民共和国 1949 年至 1952 年采取的向社会主义过渡的实际步骤。

三、论述题（本大题共 3 小题，考生任选其中 2 题作答，每小题 10 分，共 20 分。如果考生回答的题目超过 2 题，只按考生回答题目的前 2 题计分）

31. 试述中国共产党成立的历史意义。

32. 试述中国新民主主义革命取得胜利的主要原因。

33. 试述中共十一届三中全会是新中国成立以来党的历史上具有深远意义的伟大转折。

全国高等教育自学考试
中国近现代史纲要模拟试卷（三）
参考答案

（课程代码 03708）

一、单项选择题（本大题共25小题，每小题2分，共50分）

1. A	2. B	3. C	4. C	5. A	6. A	7. C	8. D	9. A
10. D	11. B	12. D	13. A	14. B	15. A	16. B	17. C	18. C
19. A	20. D	21. B	22. C	23. B	24. D	25. A		

二、简答题（本大题共5小题，每小题6分，共30分）

26. 答：（1）1840—1919年，中国人民为反对外来侵略进行了英勇斗争，但都失败了。原因主要有两个：一是社会制度的腐败，二是经济技术的落后，而前者是最根本的原因。

（2）社会制度的腐败。腐朽的清王朝统治者为了自身的私利，不惜出卖国家和民族的利益，总是把防止人民的反抗放在首位，担心人民群众动员起来以后危及自身的统治，宣扬"防民甚于防寇"，压制、破坏人民群众和爱国官兵的反侵略斗争，导致反侵略失败。

（3）经济技术的落后是近代中国人民反侵略斗争失败的另一个重要原因。进入近代以后，西方资本主义强国经过工业革命，经济和技术飞速发展，而中国经济技术落后的局面没有改变，经济总量较小，工业技术落后，洋务运动和民族资本主义经济的发展也没有改变这种局面，必然导致被动挨打。经济技术的落后，又使中国在武器装备、军队素质、综合实力等方面远远落后于帝国主义列强。

27. 答：（1）发动"二次革命"（赣宁之役）。

（2）组织中华革命党。

（3）护国运动。为反对袁世凯称帝，1915 年 12 月 25 日蔡锷宣布独立，护国运动爆发。

（4）第一次护法运动。

（5）发动第二次护法运动。

28. 答：（1）清算了大革命后期陈独秀右倾投降主义错误，确定了土地革命和武装斗争总方针。

（2）选出以瞿秋白为书记的中央临时政治局。

（3）毛泽东阐述了农民问题和武装斗争对革命的重要性，强调"政权是由枪杆子中取得的"。

29. 答：第一，中国人民抗日战争是世界反法西斯战争的东方主战场。在世界反法西斯战争中，中国抗战开始最早，持续时间最长，抵制和抗击了日本主要兵力，对日本侵略者的彻底覆灭起到了决定性作用。

第二，中国人民的持久战，遏制了日本的"北进"计划，迟滞了日本的"南进"步伐，大大减轻了其他战场的压力，为盟国军队完成战略转折和实施战略反攻创造了有利条件。

第三，中国作为亚太地区盟军对日作战的重要后方基地，为盟国提供了大量战略物资和军事情报。中国军队出国作战，不仅打击了日军，还对盟军给予了实际支援。中国为战胜法西斯、维护世界和平付出了巨大的牺牲，做出了伟大的贡献。

30. 答：第一，没收官僚资本，确立社会主义性质的国营经济的领导地位。

第二，开始将资本主义纳入国家资本主义轨道。

第三，引导个体农民在土地改革后逐步走上互助合作的道路。

三、论述题（本大题共 3 小题，考生任选其中 2 题作答，每小题 10 分，共 20 分。如果考生回答的题目超过 2 题，只按考生回答题目的前 2 题计分）

31. 答：中国共产党的成立是一个"开天辟地"的大事件，具有划时代的伟大意义。

第一，它标志着中国革命终于有了一个坚强的领导核心。中国共产党不仅代表了中国工人阶级的利益，而且代表着中国人民和中华民族的利益。它的成立使中国革命有了可信赖的组织者和领导者，使中国工人阶级有了自己的司令部。

第二，中国革命从此有了一个科学的指导思想，中国共产党以马克思列宁主义基本原理观察和分析中国的问题，为中国指明了斗争的目标、革命的前途和走向胜利的道路。

第三，沟通了中国革命与世界革命的联系，把中华民族的解放运动同世界无产阶级社会主义革命运动相联结并成为其中一部分，使中国革命有了新的前途。

总之，正如毛泽东同志指出的，自从有了中国共产党，中国革命的面目就焕然一新了。

32. 答：（1）由于有了中国工人阶级的先锋队——中国共产党的领导，它以马克思列宁主义的基本原理与中国实际相结合的毛泽东思想作为一切工作的指针，制定出符合中国国情和人民利益的纲领、路线、方针和政策，它最有远见，最富于牺牲精神，最坚定，从而赢得了中国人民的拥护。

（2）人民群众和各界人士的广泛参加与大力支持。工人、农民、城市小资产阶级群众是民主革命的主要力量，随着斗争的发展，民族资产阶级也逐步向中国共产党靠拢。

（3）中国革命的胜利，同国际无产阶级和人民群众的支持也是分不开的。为了中国人民的解放事业，一些国际友人还直接参加了中国的革命斗争，有的甚至长眠在中国的土地上。

33. 答：（1）全会冲破长期"左"的错误的严重束缚，彻底否定了"两个凡是"的错误方针，高度评价了关于真理标准问题的讨论，并且断然否定"以阶级斗争为纲"的指导思想，恢复了马克思主义实事求是的思想路线。

（2）全会全面分析了当前的主要矛盾和主要任务，做出了把工作重点转移到社会主义现代化建设上来和实行改革开放的战略决策。

（3）全会恢复了党的民主集中制的优良传统，审查解决了历史上遗留的一批重大问题和一些重要领导人功过是非问题。

（4）为了适应社会主义现代化建设的需要，全会决定在党的生活和国家政治生活中加强民主，明确党的思想路线，加强党的领导机构和成立中央纪律检查委员会。

（5）中共十一届三中全会是中华人民共和国成立以来党的历史上具有深远意义的伟大转折。全会结束了粉碎"四人帮"后在徘徊中前进的局面，开始了中国共产党在思想、政治、组织等领域全面拨乱反正，以邓小平同志为主要代表的中国共产党人揭开了社会主义改革开放的序幕。以这次全会为起点，中国进入改革开放和社会主义现代化建设新时期。

全国高等教育自学考试
中国近现代史纲要模拟试卷（四）

（课程代码　03708）

第一部分　选择题（50分）

一、单项选择题（本大题共25小题，每小题2分，共50分。在每小题列出的
四个备选项中只有一个是符合题目要求的，请将其代码填写在题后的括号
内。错选、多选或未选均无分）

1. 近代中国的社会性质是（　　）。

    A. 封建社会　　　　　　　　　　B. 资本主义社会

    C. 半殖民地半封建社会　　　　　D. 殖民地社会

2. 在近代中国各阶段中，革命的主力军是（　　）。

    A. 工人阶级　　　　　　　　　　B. 农民阶级

    C. 民族资产阶级　　　　　　　　D. 小资产阶级

3. 中央红军长征的起止时间是（　　）。

    A. 1934年10月—1936年10月　　B. 1934年10月—1935年10月

    C. 1935年10月—1936年10月　　D. 1934年10月—1935年10月

4. 太平天国由盛转衰的转折点是（　　）。

    A. 永安建制　　　　　　　　　　B. 金田起义

    C.《天朝田亩制度》的颁布　　　D. 天京事变

5. 洋务派创办的官督商办的民用企业的性质基本上是（　　）。

A. 资本主义性质　　　　　　B. 封建主义性质

C. 半封建性质　　　　　　　D. 半殖民地性质

6. 中法战争期间，率领清军和民众取得"镇南关大捷"的老将是（　　　）。

　　A. 刘铭传　　　　　　　　　B. 丁汝昌

　　C. 冯子材　　　　　　　　　D. 关天培

7. 袁世凯建立的北洋军阀政权代表的是（　　　）。

　　A. 大地主和买办资产阶级的利益

　　B. 大资产阶级的利益

　　C. 民族资本家和中小资产阶级的利益

　　D. 无产阶级和广大人民的利益

8. 辛亥革命前夕爆发的保路运动中，斗争尤为激烈的省份是（　　　）。

　　A. 湖北　　　　　　　　　　B. 广东

　　C. 湖南　　　　　　　　　　D. 四川

9. 全国范围内农业税的取消是在（　　　）。

　　A. 2004 年　　　　　　　　B. 2005 年

　　C. 2006 年　　　　　　　　D. 2007 年

10. 中国共产党早期组织领导的第一个产业工会是（　　　）。

　　A. 上海印刷工会　　　　　　B. 上海机器工会

　　C. 上海纺织工会　　　　　　D. 北京工人俱乐部

11. 中共三大的中心议题是（　　　）。

　　A. 提出民主革命纲领

　　B. 讨论国共合作，建立革命统一战线问题

　　C. 制定开展工农运动计划

　　D. 批评陈独秀的右倾错误

12. 对 1927 年后中国共产党领导的红军和根据地斗争经验的科学概括是（　　　）。

　　A. 以城市为中心然后向农村发展　　B. 坚持党对军队的领导

　　C. 农村包围城市、武装夺取政权　　D. 坚持党的建设

13. 中华苏维埃共和国实行（　　）。

    A. 人民代表大会制度   B. 各级工农兵代表大会制度

    C. 代议制   D. "三三制"

14. 毛泽东明确提出"马克思主义的中国化"命题是在（　　）。

    A. 瓦窑堡会议   B. 洛川会议

    C. 中共六届六中全会   D. 中共七大

15. 毛泽东思想作为党的指导思想确立于（　　）。

    A. 遵义会议   B. 1942 年整风运动

    C. 中共七大   D. 中共八大

16. 从法律上正式确立了中国共产党在全国的执政地位的文献是（　　）。

    A. 中共七大党章

    B. 中共七届二中全会报告

    C.《中国人民政治协商会议共同纲领》

    D. 1954 年《中华人民共和国宪法》

17. 新中国发展国民经济第一个五年计划的中间环节是（　　）。

    A. 优先发展重工业   B. 优先发展轻工业

    C. 重点发展沿海工业   D. 重点发展内地工业

18. 在中共八届一中全会上，当选为总书记的是（　　）。

    A. 毛泽东   B. 刘少奇

    C. 邓小平   D. 陈云

19. 抗日根据地建设的首要的、根本的任务是（　　）。

    A. 加强文化建设   B. 加强经济建设

    C. 加强政权建设   D. 加强社会建设

20. 标志着毛泽东思想得到多方面展开而达到成熟的是（　　）。

    A. 新民主主义理论的系统阐明

    B. 农村包围城市，武装夺取政权道路理论的系统阐述

    C. 社会主义改造理论的系统阐明

    D. 社会主义建设思想的系统阐述

21. 第一个五年计划期间建成的第一座长江大桥位于（　　）。

　　A. 南京　　　　　　　　　B. 重庆

　　C. 武汉　　　　　　　　　D. 九江

22. 以邓小平同志为核心的党的第二代领导集体形成于（　　）。

　　A. "文化大革命"的结束　　　B. 中共十一届三中全会

　　C. 中共十二大　　　　　　　D. 中共十四届三中全会

23. 邓小平明确提出"建设有中国特色的社会主义"命题的会议是（　　）。

　　A. 中共十一届三中全会　　　B. 中共十二大

　　C. 中共十三大　　　　　　　D. 中共十四大

24. 1957 年整风运动的主题是（　　）。

　　A. 正确处理人民内部矛盾　　B. 批评与自我批评

　　C. 改进党的作风　　　　　　D. 加强执政党建设

25. 1981 年 6 月中共十一届六中全会通过的文件是（　　）。

　　A.《关于党的若干历史问题的决议》

　　B.《关于建国以来党的若干历史问题的决议》

　　C.《关于建立社会主义市场经济体制的决定》

　　D.《关于社会主义精神文明建设的决议》

第二部分　非选择题（50 分）

二、简答题（本大题共 5 小题，每小题 6 分，共 30 分。）

26. 简述维新运动兴起的社会历史条件。

27. 简述西安事变及其和平解决的意义。

28. 简述台湾和少数民族人民对解放战争的贡献。

29. 简述 20 世纪 60 年代前中期的国民经济调整。

30. 简述"红船精神"。

三、论述题（本大题共 3 小题，考生任选其中 2 题作答，每小题 10 分，共 20
分。如果考生回答的题目超过 2 题，只按考生回答题目的前 2 题计分）

31. 试述北洋军阀政府的黑暗统治。

32. 试述解放战争时期解放区的土地改革运动及其意义。

33. 试述统筹推进"五位一体"总体布局的内容。

全国高等教育自学考试
中国近现代史纲要模拟试卷（四）
参考答案

（课程代码 03708）

一、单项选择题（本大题共25小题，每小题2分，共50分）

1. C	2. B	3. A	4. D	5. A	6. C	7. A	8. D	9. C
10. B	11. B	12. C	13. B	14. C	15. C	16. C	17. A	18. C
19. C	20. A	21. C	22. B	23. B	24. A	25. B		

二、简答题（本大题共5小题，每小题6分，共30分）

26. 答：（1）维新运动是列强在华划分势力范围、民族危机急剧激化的产物。

（2）中国民族资本主义的初步发展，是维新运动兴起的物质条件。一批早期维新思想家，要求清政府吸收西方国家进步的政治制度和文化，进行自上而下的社会政治改革，发展资本主义工商业。

（3）中日甲午战争后，人们普遍对洋务派所标榜的"求富""自强"的口号产生怀疑，逐渐形成了一种共识，即要救国，只有维新。康有为、梁启超、谭嗣同、严复等成为推动维新思潮的领军人物，并于1898年把这种思潮发展成一场变法维新的政治运动。

27. 答：（1）1936年12月12日，张学良在对蒋介石"哭谏"无效的情况下，与杨虎城毅然实行"兵谏"，扣留了蒋介石，提出了改组南京政府、停止一切内战、召开救国会议等八项主张。这就是西安事变。

（2）中国共产党审时度势，从民族利益出发，确定促成事变和平解决的基本方针，并派周恩来等组成中共代表团赴西安谈判。经过与张学良、杨虎城以及南京方面代表宋美龄、宋子文的和平谈判，终于迫使蒋介石做出了停止"剿共"、联合红军抗日等六项承诺。

（3）西安事变的和平解决成为时局转换的枢纽，十年内战的局面由此结束，国内和平基本实现。

28. 答：（1）台湾人民"二二八"起义。1947年2月28日，台湾省台北市人民为反抗国民党当局的暴政，举行大规模示威游行，遭到镇压。2月底3月初，台湾各地汉族、高山族人民纷起响应，举行起义，并攻占台中、嘉义等城市。在国民党的镇压下，3月14日，起义失败。"二二八"起义有力地显示了台湾人民反对国民党的暴虐统治，争取人民民主的革命精神。

（2）新疆"三区革命"。1944年秋，原新疆省的伊犁、塔城、阿山（今阿勒泰）3个专区的维吾尔、哈萨克等少数民族群众，为反对以军阀盛世才为代表的国民党反动派的压迫，爆发武装斗争，并于1945年建立革命政府，史称"三区革命"。国民党政府于1946年1月初与三区革命政府签订11项和平条款。但国民党很快就推翻和平条款，加紧镇压新疆人民的革命运动，新疆各族人民在艰苦的条件下继续坚持斗争。

（3）1947年年初，内蒙古东部大部和中部部分地区获得解放。同年4月，内蒙古人民代表会议在乌兰浩特举行，通过《内蒙古自治政府施政纲领》等文件。5月1日，内蒙古自治政府宣告成立。

29. 答：（1）1961年1月，中共八届九中全会正式决定对国民经济实行"调整、巩固、充实、提高"的方针。毛泽东在会上号召全党大兴调查研究之风，搞一个实事求是年。《紧急指示信》的发布和全会的召开，标志着党和政府指导方针的重要转变。

（2）1961年3月，毛泽东在广州主持起草了《农村人民公社工作条例（草案）》（简称"农业六十条"）。农业六十条的贯彻执行，对于克服严重存在的平均主义，调动农民的生产积极性，推动恢复和发展农业生产，起到了十分重要的作用。中央还陆续制定出有关工业、商业、教育、科学、文艺等方面的工作条例草案，总结历史经验，继续纠正"左"的错误，推动国民经济转入1962—1965年的三年调整时期。

（3）这些工作条例的制定，还使社会主义建设的各条战线开始有了具有本国特点的具体规章制度，是这一时期探索中国社会主义建设道路的积极成果。由于调整经济的正确方针的贯彻执行，社会主义建设逐步地重新出现欣欣向荣的景象。

30. 答：2017年10月31日，习近平总书记带领中共中央政治局常委赴上海瞻仰中共一大会址、赴浙江嘉兴瞻仰南湖红船，回顾建党历史，重温入党誓词，宣示新一届党中央领导集体的坚定政治信念。习近平总书记强调，要结合时代特点大力弘扬"红船精神"，即开天辟地、敢为人先的首创精神，坚定理想、百折不挠的奋斗精神，立党为公、忠诚为民的奉献精神。

三、论述题（本大题共3小题，考生任选其中2题作答，每小题10分，共20分。如果考生回答的题目超过2题，只按考生回答题目的前2题计分）

31. 答：（1）在政治上，北洋政府实行军阀官僚的专制统治，一方面，以袁世凯为首的封建军阀大力扩充军队，建立特务、警察系统，剥夺《临时约法》规定给予人民的言论、出版、集会、结社等各种政治权利，任意逮捕、杀害革命党人和无辜民众。人民群众毫无政治权利可言。另一方面，袁世凯毁弃辛亥革命过程中孙中山苦心缔造的资产阶级民主制度，中华民国只剩下了一块空招牌。北洋军阀为了巩固专制统治，不惜投靠帝国主义。甚至为了达到专制独裁的目的，袁世凯公然复辟帝制。

（2）在经济上，北洋政府竭力维护帝国主义、地主阶级和买办资产阶级的利益。军阀、官僚本身就是大地主，他们以各种手段兼并土地；还通过"清丈地亩"、征收各种苛捐杂税等手段，对农民进行压榨。军阀和官僚还借助于政治势力，组成官僚买办资本集团，操纵、垄断财政金融和工业、运输业。有些军阀拥有数百万乃至数千万元的财产。与此同时，广大人民却生活于极端困苦之中。

（3）在文化思想方面，北洋政府尊孔复古。1913年6月，袁世凯向全国发布《通令尊崇孔圣文》。不久，又命令全国恢复祀孔、祭孔典礼，恢复跪拜礼节，中、小学恢复尊孔读经。一些清朝遗老遗少、保守分子纷纷组织尊孔复古团体，发行尊孔刊物，攻击民主共和，宣传封建伦常，甚至要求将孔教定为"国教"，企图用封建思想遏制人民思想解放的潮流，维护其反动统治。

总之，北洋军阀政府对辛亥革命进行了全面的反攻倒算，中国重新落入了黑暗的深渊。

32. 答：（1）土地改革运动，是新民主主义革命的一项基本任务，是夺取人民解放战争胜利的基本条件。

①1946 年 5 月 4 日，中共中央发出《关于清算、减租及土地问题的指示》（史称《五四指示》），决定将党在抗日战争时期实行的减租减息政策改变为实现"耕者有其田"的政策。

②1947 年 7 月至 9 月，中国共产党在河北省平山县召开了全国土地会议，制定和通过了彻底实行土地改革的《中共土地法大纲》，明确规定废除封建性及半封建性剥削的土地制度，实现耕者有其田的土地制度。在这个大纲的指引下，土地改革运动在解放区广大农村迅速掀起。

③1947 年下半年和 1948 年年初，土地改革运动在各解放区广泛发动。这期间一度发生过侵犯部分中农利益、侵犯某些民族工商业，许多地方斗争地主、富农的办法不适当等"左"的错误。中共中央一经发现，便立即采取坚决的措施加以纠正。其间，毛泽东《在晋绥干部会议上的讲话》，总结了土地改革的经验，系统阐明了中国共产党的土地改革总路线，即依靠贫农，团结中农，有步骤地、有分别地消灭封建剥削制度，发展农业生产。

（2）答：

经过土地改革运动，解放区广大农民实现了梦寐以求的"耕者有其田"的愿望，解放区出现了新面貌：广大农民对中国共产党更加信任和拥护，工农联盟以及解放区的人民民主政权得到进一步巩固和加强；广大农民从封建的生产关系中解放出来，生产积极性空前提高，解放区农村的经济面貌得到明显改观；大批青壮年农民踊跃参军，广大农民积极支援和配合解放军作战。人民解放战争有了巩固的后方和最基本的人力、物力保证。

33. 答：（1）主动适应和引领经济发展新常态。中共中央加强和改善党对经济工作的领导，坚持稳中求进工作总基调，保持宏观政策连续性和稳定性，创新宏观调控思路和方式，有针对性地进行预调微调，扎实做好各项工作，实现了经济社会持续稳步发展。

（2）发展社会主义民主政治。坚持发挥中国共产党总揽全局、协调各方的领导核心作用，提高党科学执政、民主执政、依法执政水平，保证党领导人民有效治理国家。

（3）发展中国特色社会主义文化。坚持和巩固党对意识形态工作的领导。培育和践行社会主义核心价值观。推进文化体制改革，建设公共文化服务网络。

（4）在发展中保障和改善民生。从人民群众最关心、最直接、最现实的利益问题入手，统筹做好教育、就业、收入分配、社会保障、医疗卫生等各领域民生工作。

（5）建设美丽中国。完善生态文明制度体系，用最严格的制度、最严密的法治保护生态环境。强化公民环境意识。积极参与国际合作。

全国高等教育自学考试
中国近现代史纲要模拟试卷（五）

（课程代码　03708）

第一部分　选择题（50分）

一、单项选择题（本大题共25个小题，每小题2分，共50分。在每小题列出的四个备选项中只有一个是符合题目要求的，请将其代码填写在题后的括号内。错选、多选或未选均无分）

1. 1840年鸦片战争前，中国社会的性质是（　　）。
   A. 奴隶社会
   B. 封建社会
   C. 半殖民地半封建社会
   D. 资本主义社会

2. 鸦片战争后，提出"师夷长技以制夷"思想的是（　　）。
   A. 龚自珍
   B. 林则徐
   C. 魏源
   D. 王韬

3. 洋务运动时期最早创办的翻译学堂是（　　）。
   A. 同文馆
   B. 广方言馆
   C. 译书局
   D. 译书馆

4. 1911年，在保路运动中规模最大、斗争最激烈的省份是（　　）。
   A. 湖北
   B. 湖南
   C. 广东
   D. 四川

5. 中国历史上第一部具有资产阶级共和国宪法性质的法典是（　　）。
   A.《中华民国临时约法》
   B.《钦定宪法大纲》

C.《中华民国约法》　　　　　　　D.《中华民国宪法》

6. 中国共产党第一次明确提出反帝反封建民主革命纲领的会议是（　　　）。

A. 中共一大　　　　　　　　　　B. 中共二大

C. 中共三大　　　　　　　　　　D. 中共四大

7. 1927 年国民党南京政权建立后，官僚资本的垄断活动首先和主要是从（　　　）。

A. 金融业方面开始　　　　　　　B. 商业方面开始

C. 轻工业方面开始　　　　　　　D. 重工业方面开始

8. 1935 年 1 月，中国共产党召开的具有历史转折意义的会议是（　　　）。

A. 八七会议　　　　　　　　　　B. 古田会议

C. 遵义会议　　　　　　　　　　D. 洛川会议

9. 1933 年 11 月，国民党爱国将领蔡廷锴和蒋光鼐发动的抗日反蒋事件是（　　　）。

A. 宁都起义　　　　　　　　　　B. 福建事变

C. 西安事变　　　　　　　　　　D. "二二八"起义

10. 1938 年 10 月广州、武汉失守后，中国抗日战争进入的阶段是（　　　）。

A. 战略防御阶段　　　　　　　　B. 战略相持阶段

C. 战略反攻阶段　　　　　　　　D. 战略决战阶段

11. 1940 年，八路军对华北日军发动大规模进攻的战役是（　　　）。

A. 平型关战役　　　　　　　　　B. 雁门关战役

C. 阳明堡战役　　　　　　　　　D. 百团大战

12. 1945 年 8 月，中共中央在《对目前时局的宣言》中明确提出的口号是（　　　）。

A. 和平、民主、团结　　　　　　B. 向北发展，向南防御

C. 打倒蒋介石，解放全中国　　　D. 打过长江去，解放全中国

13. 1951 年年底至 1952 年春，中国共产党在党政机关工作人员中开展的运动是（　　　）。

A. 肃反运动　　　　　　　　　　B. 整风、整党运动

C. "三反"运动　　　　　　　D. "五反"运动

14. 中华人民共和国成立初期，社会主义国营经济建立的主要途径是（　　）。

　　A. 合并公营资本　　　　　　　B. 征用外国资本

　　C. 赎买民族资本　　　　　　　D. 没收官僚资本

15. 我国对资本主义工商业进行社会主义改造的基本政策是（　　）。

　　A. 无偿没收　　　　　　　　　B. 有偿征用

　　C. 和平赎买　　　　　　　　　D. "四马分肥"

16. 毛泽东在《论十大关系》中提出的中国社会主义建设的基本方针是（　　）。

　　A. 不要四面出击

　　B. 调整、巩固、充实、提高

　　C. 调动一切积极因素为社会主义事业服务

　　D. 积极引导、稳步前进

17. 在中共八大上，陈云提出的重要思想是（　　）。

　　A. 双重监督　　　　　　　　　B. "三个主体，三个补充"

　　C. 健全法制　　　　　　　　　D. "两条腿"走路

18. 中华人民共和国成立后第一次提出实现"四个现代化"奋斗目标的会议是（　　）。

　　A. 第一届全国人民代表大会　　B. 第二届全国人民代表大会

　　C. 第三届全国人民代表大会　　D. 第四届全国人民代表大会

19. 中华人民共和国成立后第一颗人造地球卫星发射成功的时间是（　　）。

　　A. 1964 年 10 月　　　　　　　B. 1966 年 10 月

　　C. 1967 年 10 月　　　　　　　D. 1970 年 4 月

20. 1971 年 10 月，中华人民共和国成立后在外交上取得的重大成果是（　　）。

　　A. 恢复了在世界卫生组织的合法席位

　　B. 恢复了在联合国的合法席位

　　C. 实现了中日关系正常化

　　D. 实现了中法关系正常化

21. 1984 年，中共十二届三中全会通过的重要文件是（　　　）。

　　A.《中共中央关于加快农业发展若干问题的决定》

　　B.《中共中央关于经济体制改革的决定》

　　C.《中共中央关于科学技术体制改革的决定》

　　D.《中共中央关于教育体制改革的决定》

22. 1988 年，中共中央和国务院决定建立的经济特区是（　　　）。

　　A. 海南经济特区　　　　　　　B. 珠海经济特区

　　C. 厦门经济特区　　　　　　　D. 深圳经济特区

23. 1999 年 12 月，中国在推进国家统一大业方面迈出的重要一步是（　　　）。

　　A. 海峡两岸达成"九二共识"　　B. 海峡两岸举行"汪辜会谈"

　　C. 恢复对香港行使主权　　　　D. 恢复对澳门行使主权

24. 2004 年 9 月，中共十六届四中全会提出的战略任务是（　　　）。

　　A. 构建社会主义和谐社会　　　B. 全面建设小康社会

　　C. 建设社会主义新农村　　　　D. 建立社会主义市场经济体制

25. 2005 年 3 月，第十届全国人民代表大会第三次会议通过的法律是（　　　）。

　　A.《中华人民共和国香港特别行政区基本法》

　　B.《中华人民共和国国家安全法》

　　C.《中华人民共和国澳门特别行政区基本法》

　　D.《反分裂国家法》

第二部分　非选择题（50 分）

二、简答题（本大题共 5 小题，每小题 6 分，共 30 分）

26. 简述近代中国社会的主要矛盾及其影响。

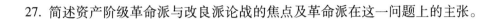

27. 简述资产阶级革命派与改良派论战的焦点及革命派在这一问题上的主张。

28. 简述毛泽东领导的湘赣边界秋收起义的特点。

29. 简述中国共产党在全民族抗战中的中流砥柱作用。

30. 简述中国共产党在过渡时期总路线的内容及其特点。

三、**论述题**（本大题共 3 小题，考生任选其中 2 题作答，每小题 10 分，共 20
 分。如果考生回答的题目超过 2 题，只按考生回答题目的前 2 题计分）

31. 试述太平天国农民战争的历史意义。

32. 试述五四运动的历史特点及意义。

33. 试述全国解放战争时期，各民主党派与中国共产党团结合作的主要表现。

全国高等教育自学考试
中国近现代史纲要模拟试卷（五）
参考答案

（课程代码　03708）

一、单项选择题（本大题共25小题，每小题2分，共50分）

1. B　　2. C　　3. A　　4. D　　5. A　　6. B　　7. A　　8. C　　9. B

10. B　11. D　12. A　13. C　14. D　15. C　16. C　17. B　18. C

19. D　20. B　21. B　22. A　23. D　24. A　25. D

二、简答题（本大题共5小题，每小题6分，共30分）

26. 答：

（1）矛盾：在半殖民地半封建的中国，帝国主义与中华民族的矛盾、封建主义与人民大众的矛盾是两对主要矛盾，而帝国主义与中华民族的矛盾是各种矛盾中最主要的矛盾。这两对主要矛盾相互交织在一起，贯穿了整个半殖民地半封建社会的始终，并对中国社会的发展变化起着决定性作用。

（2）影响：近代中国的民族民主革命，就是在这些主要矛盾及其激化的基础上发生和发展起来的。中国人民近百年不屈不挠的英勇斗争，就是为了解决中国社会的主要矛盾，推动中国社会前进。从此，中国进入旧民主主义革命时期，中国人民肩负着反帝反封建的双重任务。

27. 答：（1）要不要以革命手段推翻清政府，这是论战的焦点。

（2）革命派控诉清政府卖国媚外的罪行，强调救国必先推翻清王朝；认为革命不免流血，但可"救世救人"，是治疗社会的捷径；革命就是为了建设，破坏与建设是革命的两个方面。

（3）革命派还反驳了改良派提出的革命会招致天下大乱和帝国主义干涉之谬论。

28. 答：（1）放弃了"左派国民党"运动旗号，公开打出了"工农革命军"旗帜。

（2）它不仅是军队行动，而且有数量众多的工农武装参加。

29. 答：中国共产党的中流砥柱作用是中国人民抗日战争胜利的关键。中国共产党自成立之日起就把实现中华民族伟大复兴作为自己的历史使命。在抗日战争中，中国共产党坚持全面抗战路线，制定正确战略策略，开辟广大敌后战场，成为坚持抗战的中坚力量；中国共产党人以自己的政治主张，支撑起全民族救亡图存的希望，引领着夺取战争胜利的正确方向，成为夺取战争胜利的民族先锋。

30. 答：

（1）中共中央在1953年正式提出党在过渡时期的总路线，明确规定："党在这个过渡时期的总路线和总任务，是要在一个相当长的时期内，逐步实现国家的社会主义工业化，并逐步实现国家对农业、对手工业和对资本主义工商业的社会主义改造。"

（2）其特点是这是一条"一化三改""一体两翼"的总路线，即社会主义建设同社会主义改造同时并举的总路线。"一化"反映了生产力方面的要求，"三改"则反映出对生产关系的改造，体现了发展生产力和变革生产关系的有机统一。

三、论述题（本大题共 3 小题，考生任选其中 2 题作答，每小题 10 分，共 20分。如果考生回答的题目超过 2 题，只按考生回答题目的前 2 题计分）

31. 答：第一，它沉重打击了封建统治阶级，强烈撼动了清政府的统治根基。太平天国起义坚持了 14 年之久，革命势力扩展到 18 个省，规模大，时间长，影响深，加速了清王朝的衰败过程。

第二，它是中国旧式农民战争的最高峰，具有不同于以往农民战争的新的历史特点。太平天国建立了自己的政权，提出《天朝田亩制度》，比较完整地表达农民对土地的渴望。《资政新篇》是中国近代史上第一个具有资本主义色彩的社会改革方案。

第三，太平天国对孔子和儒家经典予以严厉批判，在一定程度上削弱了封建统治的精神支柱。

第四，太平天国起义还有力地打击了外国侵略势力。太平天国将领们拒绝不平等条约，严禁鸦片贸易，与外国军队进行了英勇斗争。

第五，太平天国起义鼓舞和推动了当时的亚洲民族解放运动，冲击了西方殖民主义在亚洲的统治。

32. 答：（1）五四运动是中国近代史上一次彻底的反帝反封建的革命运动，把中国人民反帝反封建的斗争提升到一个新的水平线上。

（2）五四运动广泛地动员和组织了群众，是一场真正的群众性的革命运动。青年学生起到了先锋作用，工人阶级第一次作为独立的政治力量登上政治舞台，运动后期发挥了主力军作用。

（3）五四运动促进了马克思主义在中国的广泛传播，促进了马克思主义同中国工人运动的结合，为中国共产党成立做好了思想和十部上的准备。

（4）五四运动是中国新民主主义革命的开端。五四运动后，无产阶级代替资产阶级成为中国革命领导者。

33. 答：（1）在重庆谈判和政协会议期间，各民主党派作为"第三方面"，同共产党一起反对国民党反动派的内战、独裁政策，为和平民主而共同努力。

（2）在国民党当局撕毁政协协议、发动全面内战时，民主党派中的大多数党派同共产党保持一致；拒绝参加国民党一手包办的"国民大会"、反对国民党炮制的"宪法"。

（3）许多民主党派的成员积极参加和支持中国共产党领导的爱国民主运动，有的为此流血牺牲，如民盟中央委员李公朴、闻一多，民盟中央常委兼西北总支部主任委员杜斌丞。

（4）在人民战争节节胜利的形势下，各民主党派公开宣言，同共产党一道，为推翻国民党的反动统治和建立新中国而共同奋斗。

全国高等教育自学考试

中国近现代史纲要模拟试卷（六）

（课程代码　03708）

第一部分　选择题（50分）

一、单项选择题（本大题共25个小题，每小题2分，共50分。在每小题列出
的四个备选项中只有一个是符合题目要求的，请将其代码填写在题后的括
号内。错选、多选或未选均无分）

1. 中国半殖民地半封建社会最主要的矛盾是（　　）。

   A. 地主阶级与农民阶级的矛盾　　　B. 资产阶级与工人阶级的矛盾

   C. 帝国主义与中华民族的矛盾　　　D. 封建主义与人民大众的矛盾

2. 洋务派最早从事的洋务事业是（　　）。

   A. 兴办军用工业　　　　　　　　　B. 兴办民用工业

   C. 派遣留学生　　　　　　　　　　D. 创立新式学堂

3. 戊戌维新时期，维新派在上海创办的影响较大的报纸是（　　）。

   A.《国闻报》　　　　　　　　　　　B.《时务报》

   C.《强学报》　　　　　　　　　　　D.《万国公报》

4. 1904年至1905年，为争夺侵略权益公然在中国东北进行战争的是（　　）。

   A. 美国与俄国　　　　　　　　　　B. 美国与英国

   C. 英国与日本　　　　　　　　　　D. 日本与俄国

5. 20世纪初，在资产阶级民主革命思想传播中发表《驳康有为论革命书》的
是（　　）。

A. 孙中山   B. 邹容

C. 章炳麟   D. 陈天华

6. 1922 年 1 月，中国共产党领导的第一次工人运动高潮的起点是（　　）。

    A. 香港海员罢工   B. 安源路矿工人罢工

    C. 京汉铁路工人罢工   D. 省港工人罢工

7. 1930 年 8 月，邓演达领导成立的中间党派是（　　）。

    A. 中国青年党   B. 中国国家社会党

    C. 中国国民党临时行动委员会   D. 中国国民党革命委员会

8. 第五次反"围剿"斗争失败后，1934 年 10 月开始战略转移的是（　　）。

    A. 红十五军团   B. 红一方面军

    C. 红二方面军   D. 红四方面军

9. 1935 年，日本帝国主义为扩大对华侵略而发动的事变是（　　）。

    A. "九一八"事变   B. "一·二八"事变

    C. 华北事变   D. 卢沟桥事变

10. 1937 年，在淞沪会战中率领"八百壮士"孤军据守四行仓库的爱国将领是（　　）。

    A. 谢晋元   B. 佟麟阁

    C. 张自忠   D. 戴安澜

11. 1940 年，八路军对侵华日军发动大规模进攻的战役是（　　）。

    A. 平型关战役   B. 雁门关战役

    C. 阳明堡战役   D. 百团大战

12. 1945 年 8 月至 10 月，国共双方举行的谈判是（　　）。

    A. 西安谈判   B. 重庆谈判

    C. 南京谈判   D. 北平谈判

13. 1946 年 6 月，国民党军队挑起全面内战的起点是（　　）。

    A. 大举围攻中原解放区   B. 大举围攻东北解放区

    C. 重点进攻陕甘宁边区   D. 重点进攻山东解放区

14. 台湾人民为反抗国民党当局暴政而举行"二二八"起义的时间是
（　　）。

    A. 1945 年   B. 1946 年

    C. 1947 年   D. 1948 年

15. 中华人民共和国成立后发展国民经济第一个五年计划的中心环节是
（　　）。

    A. 优先发展轻工业   B. 优先发展重工业

    C. 重点发展农村经济   D. 重点发展城市经济

16. 1956 年召开的中共八大指出，党和全国人民当前的主要任务是（　　）。

    A. 争取国家财政经济状况的根本好转

    B. 完成社会主义改造

    C. 正确处理人民内部矛盾

    D. 把我国从落后的农业国变为先进的工业国

17. 在中共八大上提出"三个主体，三个补充"思想的是（　　）。

    A. 陈云   B. 刘少奇

    C. 邓小平   D. 周恩来

18. 中华人民共和国成立后第一次提出实现"四个现代化"奋斗目标的会议是
（　　）。

    A. 第一届全国人民代表大会   B. 第二届全国人民代表大会

    C. 第三届全国人民代表大会   D. 第四届全国人民代表大会

19. 1967 年，老一辈革命家与中央文革小组错误做法进行的抗争被诬称为
（　　）。

    A."一月风暴"   B."二月逆流"

    C."右倾翻案"   D."反攻倒算"

20. 1970 年，中华人民共和国成立后在科学技术领域取得的重大成就是
（　　）。

    A. 第一颗原子弹试验成功

    B. 第一颗氢弹试验成功

C. 第一颗中近程地地核导弹发射成功

D. 第一颗人造卫星发射成功

21. 邓小平在 1979 年 3 月的理论工作务虚会上明确提出，必须坚持（　　）。

    A."一个中国"的原则　　　　　　B."两手抓、两手都要硬"的方针

    C."三个有利于"的标准　　　　　　D. 四项基本原则

22. 中国共产党第一次明确概括社会主义初级阶段基本路线的会议是（　　）。

    A. 中共十二大　　　　　　　　　　B. 中共十三大

    C. 中共十四大　　　　　　　　　　D. 中共十五大

23. 中国对香港恢复行使主权的时间是（　　）。

    A. 1997 年 7 月 1 日　　　　　　　B. 1997 年 12 月 20 日

    C. 1999 年 7 月 1 日　　　　　　　D. 1999 年 12 月 20 日

24. 2001 年，中国对外开放进入一个新阶段的标志是（　　）。

    A. 开放十四个沿海港口城市　　　　B. 设立海南经济特区

    C. 开发和开放上海浦东新区　　　　D. 加入世界贸易组织

25. 2004 年 9 月，中共十六届四中全会提出的战略任务是（　　）。

    A. 建立社会主义市场经济体制　　　B. 全面建设小康社会

    C. 建设社会主义新农村　　　　　　D. 构建社会主义和谐社会

第二部分　非选择题（50 分）

二、简答题（本大题共 5 小题，每小题 6 分，共 30 分）

26. 简述《资政新篇》中关于政治和经济方面的主要内容。

27. 简述 1912 年建立的中华民国临时政府的性质。

28. 简述井冈山革命根据地创建的历史意义。

29. 简述"一二·九"运动及其历史意义。

30. 简述《中国人民政治协商会议共同纲领》规定的中华人民共和国成立后的经济工作方针。

三、论述题（本大题共 3 小题，考生任选其中 2 题作答，每小题 10 分，共 20 分。如果考生回答的题目超过 2 题，只按考生回答题目的前 2 题计分）

31. 试述 19 世纪末帝国主义列强瓜分中国的图谋未能实现的主要原因。

32. 试述俄国十月革命对中国革命的影响。

33. 试述中华人民共和国成立初期争取财政经济状况根本好转的三个条件及国民经济迅速恢复的主要原因。

全国高等教育自学考试
中国近现代史纲要模拟试卷（六）
参考答案

（课程代码 03708）

一、单项选择题（本大题共25小题，每小题2分，共50分）

1. C　2. A　3. B　4. D　5. C　6. A　7. C　8. B　9. C

10. A　11. D　12. B　13. A　14. C　15. B　16. D　17. A　18. C

19. B　20. D　21. D　22. B　23. A　24. D　25. D

二、简答题（本大题共5小题，每小题6分，共30分）

26. 答：（1）政治方面，主张"禁朋党之弊"，加强中央集权，制定法律、制度；设"暗柜"，用以监督官员，改革弊政。

（2）经济方面，发展近代工矿、交通、邮政、金融等事业；吸取外国科学技术，奖励科技发明和机器制造；提出"准富者请人雇工"，即提倡资本主义的雇佣劳动制。

27. 答：（1）南京临时政府是资产阶级共和国性质的革命政权。

（2）从人员构成上看，资产阶级革命派控制着这个政权。除孙中山作为临时大总统拥有统治全国和统率海、陆军之权外，陆军、外交等重要部门的总长和所有各部门次长全由革命党人担任。同盟会会员在作为国家立法机关的临时参议院中占多数。

（3）从政策措施上看，集中体现了民族资产阶级愿望和利益，并在一定程度上符合广大中国人民利益：

①扫除封建弊端，保护人权；②鼓励发展资本主义工商业，提倡兴办工厂、矿山、银行、垦殖事业；③禁止刑讯，保护华侨，禁止贩卖华工和买卖人口，废除奴婢，禁止种植和吸食鸦片；④改革文化教育制度，否定忠君尊孔教育，废止小学读经，禁用清政府学部颁行的教科书。

28. 答：（1）它点燃了"工农武装割据"星星之火，为中国共产党领导其他各地起义树立了榜样。

（2）它从实践上开辟了一条在敌我力量悬殊的情况下，中国共产党深入农村保存发展革命力量的正确道路。

（3）这条道路代表了1927年革命失败后中国革命发展的正确方向。

29. 答：（1）1935年12月9日，在中共北平临时工作委员会的领导下，北平学生抗日游行，喊出"反对华北自治运动""打倒日本帝国主义""停止内战，一致对外"等口号，游行队伍遭到国民党军警镇压。这就是"一二·九"运动。

（2）意义："一二·九"运动打击了日本帝国主义侵略中国并吞并华北的计划，促进了中华民族的觉醒，标志着中国人民抗日救亡运动新高潮的到来。

30. 答：规定了中华人民共和国的经济工作方针，即"以公私兼顾、劳资两利、城乡互助、内外交流的政策，达到发展生产、繁荣经济之目的"。国家应调剂国营经济、个体经济、私人资本主义经济等，使各种社会经济成分在国营经济领导之下，分工合作，各得其所，以促进整个社会经济的发展。

三、论述题（本大题共3小题，考生任选其中2题作答，每小题10分，共20分。如果考生回答的题目超过2题，只按考生回答题目的前2题计分）

31. 答：

（1）重要原因：帝国主义列强之间的矛盾和相互制约。瓜分中国，变中国为自己的殖民地是外国列强的共同图谋，但是他们彼此又有许多矛盾、冲突，甚至可能爆发战争。因此，列强经过协商，暂缓瓜分中国，保全清政府，以使其成为统治中国的工具，实行"以华制华"。

（2）最根本原因：中国人民不屈不挠，并不断进行反侵略斗争。在义和团反帝爱国运动期间，中国人民以其不畏强暴，敢于与敌人血战到底的气概，打击了侵略者，使其不敢为所欲为地瓜分中国。这一点连侵略者也不得不承认。

32. 答：十月革命推动中国先进分子从资产阶级民主主义转向社会主义。

第一，给予中国先进分子一个启示，即经济落后的国家也可以用社会主义思想指引自己走向解放之路。

第二，十月革命后，苏维埃俄国号召反对帝国主义，以新的平等姿态对待中国，推动了社会主义思想在中国的传播。

第三，十月革命中工人和士兵的广泛发动并由此赢得胜利的事实，昭示中国先进分子以新的方法开展革命。

33. 答：（1）1950 年 6 月，中国共产党召开七届三中全会，毛泽东做了《为争取国家财政经济状况的根本好转而斗争》的报告。毛泽东指出，要获得国家财政经济情况的根本好转，要用三年左右的时间创造三个条件，即土地改革的完成，现有工商业的调整，国家机构所需经费的大量节减。

（2）到 1952 年年底，国民经济的全面恢复的原因：

第一，中共中央和人民政府紧抓恢复和发展生产作为一切工作的重心；

第二，从当时国情出发，对国家财经实行集中和统一的管理；

第三，刚刚执政的中国共产党加强自身建设，保持和发扬党的优良传统和作用，及时有力地抵制了资产阶级的腐蚀。

全国高等教育自学考试
中国近现代史纲要模拟试卷（七）

（课程代码　03708）

第一部分　选择题（50分）

一、单项选择题（本大题共25小题，每小题2分，共50分。在每小题列出的四个备选项中只有一个符合题目要求的，请将其代码填写在题后的括号内。错选、多选或未选均无分）

1. 1851年，中国爆发的一场伟大的农民战争是（　　　）。

    A. 三元里人民抗英斗争　　　　　　B. 太平天国运动

    C. 台湾高山族人民抗日斗争　　　　D. 义和团运动

2. 1911年4月，资产阶级革命派在黄兴带领下举行了（　　　）。

    A. 惠州起义　　　　　　　　　　　B. 黄花岗起义

    C. 护国战争　　　　　　　　　　　D. 护法战争

3. 毛泽东指出，在社会主义改造完成后我国政治生活的主题是正确处理（　　　）。

    A. 生产关系与生产力之间的矛盾　　B. 上层建筑与经济基础之间的矛盾

    C. 敌我矛盾　　　　　　　　　　　D. 人民内部矛盾

4. 1914年7月，孙中山在东京正式成立了（　　　）。

    A. 兴中会　　　　　　　　　　　　B. 中国同盟会

    C. 中华革命党　　　　　　　　　　D. 中国国民党

5. 1915 年 9 月在上海创办《青年》杂志的是（ 　　 ）。

    A. 胡适 　　　　　　　　　　 B. 鲁迅

    C. 李大钊 　　　　　　　　　 D. 陈独秀

6. 中国新民主主义革命的伟大开端是（ 　　 ）。

    A. 戊戌变法运动 　　　　　　 B. 保路运动

    C. 新文化运动 　　　　　　　 D. 五四运动

7. 1922 年召开的中共二大第一次明确提出了（ 　　 ）。

    A. 实现共产主义的最高纲领 　 B. 新民主主义革命总路线

    C. 反帝反封建的民主革命纲领 D. 土地革命总路线

8. 中国共产党领导的中国工人运动第一个高潮的起点是（ 　　 ）。

    A. 香港海员罢工 　　　　　　 B. 安远路矿工人罢工

    C. 京汉铁路工人罢工 　　　　 D. 省港工人罢工

9. 适应和引领经济发展新常态的重大创新是（ 　　 ）。

    A. 走中国特色社会主义道路

    B. "三去一降一补"

    C. 推进供给侧结构性改革

    D. 坚持稳中求进总基调

10. 1927 年，蒋介石在上海制造了捕杀共产党员和革命群众的（ 　　 ）。

    A. 中山舰事件 　　　　　　　 B. 整理党务案

    C. "四一二"政变 　　　　　 D. "七一五"政变

11. 国民党南京政权建立后，官僚资本的垄断活动首先和主要是从（ 　　 ）。

    A. 重工业方面开始的 　　　　 B. 商业方面开始的

    C. 轻工业方面开始的 　　　　 D. 金融业方面开始的

12. 1927 年大革命失败后，中国共产党召开的确定土地革命和武装斗争方针的会议是（ 　　 ）。

    A. 八七会议 　　　　　　　　 B. 古田会议

    C. 遵义会议 　　　　　　　　 D. 洛川会议

13. 1931 年 1 月至 1935 年 1 月，中国共产党内出现的主要错误倾向是（　　）。

　　A. "左"倾盲动主义　　　　　　B. "左"倾教条主义

　　C. 右倾保守主义　　　　　　　D. 右倾投降主义

14. 在中共八大上提出"三个主体，三个补充"思想的是（　　）。

　　A. 毛泽东　　　　　　　　　　B. 陈云

　　C. 周恩来　　　　　　　　　　D. 邓小平

15. 1933 年 11 月，在福州发动抗日反蒋事变的国民党爱国将领是（　　）。

　　A. 马占山和李杜　　　　　　　B. 冯玉祥和吉鸿昌

　　C. 蔡廷锴和蒋光鼐　　　　　　D. 张学良和杨虎城

16. 1941 年 3 月，在大后方抗日民主运动中诞生的民主党派是（　　）。

　　A. 中华民族解放行动委员会　　B. 中国民主建国会

　　C. 中国民主促进会　　　　　　D. 中国民主政团同盟

17. 毛泽东系统阐明农业合作化理论的重要文献是（　　）。

　　A.《介绍一个合作社》　　　　　B.《关于农业合作化问题》

　　C.《组织起来》　　　　　　　　D.《中国农村的社会主义高潮》

18. 1945 年 8 月，发表《对日寇的最后一战》声明的是（　　）。

　　A. 朱德　　　　　　　　　　　B. 毛泽东

　　C. 彭德怀　　　　　　　　　　D. 刘伯承

19. 2001 年 6 月正式成立了第一个以中国城市命名的国际组织，这个城市是（　　）。

　　A. 上海　　　　　　　　　　　B. 北京

　　C. 厦门　　　　　　　　　　　D. 杭州

20. 1948 年 4 月，毛泽东完整地提出新民主主义革命总路线的著作是（　　）。

　　A.《新民主主义论》　　　　　　B.《目前形势和我们的任务》

　　C.《在晋绥干部会议上的讲话》　D.《将革命进行到底》

21. 中国人民解放军在 1949 年 4 月 21 日发起的重大战役是（　　）。

　　A. 辽沈战役　　　　　　　　　B. 淮海战役

C. 平津战役   D. 渡江战役

22. 中华人民共和国成立后第一部婚姻法颁布的时间是（   ）。

    A. 1950 年 5 月   B. 1950 年 6 月

    C. 1951 年 7 月   D. 1951 年 8 月

23. 洋务运动失败的标志是（   ）。

    A. 北洋海军全军覆没   B. 民用企业大批亏损

    C. 南洋海军全军覆没   D. 维新运动的兴起

24. 中国共产党在过渡时期总路线的主体是实现（   ）。

    A. 国家的社会主义工业化

    B. 国家对农业的社会主义改造

    C. 国家对手工业的社会主义改造

    D. 国家对社会主义工商业的社会主义改造

25. 中华人民共和国成立后开始实行发展国民经济的第一个五年计划是在
（   ）。

    A. 1950 年   B. 1951 年

    C. 1952 年   D. 1953 年

第二部分　非选择题（50 分）

二、**简答题**（本大题共 5 小题，每小题 6 分，共 30 分）

26. 简述维新运动的历史意义。

27. 简述资产阶级革命派与改良派论战的意义。

28. 简述近代中国民族资本主义经济的特点。

29. 简述中国人民抗日战争胜利的基本经验。

30. 简述毛泽东关于社会主义现代化建设"两步走"的战略。

三、论述题（本大题共 3 小题，考生任选其中 2 题作答，每小题 10 分，共 20 分。如果考生回答的题目超过 2 题，只按考生回答题目的前 2 题计分）

31. 论述太平天国农民战争的意义。

32. 论述中国革命只能走农村包围城市武装夺取政权的道路。

33. 论述中共十一届三中全会是中华人民共和国成立以来伟大的历史性转折。

全国高等教育自学考试
中国近现代史纲要模拟试卷（七）
参考答案

（课程代码　03708）

一、单项选择题（本大题共 25 小题，每小题 2 分，共 50 分）

1. B	2. B	3. D	4. C	5. D	6. D	7. C	8. A	9. C
10. C	11. D	12. A	13. B	14. B	15. C	16. D	17. B	18. B
19. A	20. C	21. D	22. A	23. A	24. A	25. D		

二、简答题（本大题共 5 小题，每小题 6 分，共 30 分）

26. 答：第一，维新运动是一次爱国救亡运动，反映了时代的要求。

第二，维新运动是一场资产阶级性质的政治改革运动，在一定程度上冲击了封建制度。

第三，维新运动是一场思想启蒙运动，有利于民主主义思想在中国的传播。

第四，维新运动在改革社会风气方面也有积极作用。

27. 答：第一，论战划清了革命与改良的界限，使人们清楚地认识到实行民主革命的必要性，加入革命的行列。

第二，论战使资产阶级民主思想和三民主义思想得到了更加广泛的传播，促进了革命力量的壮大，为推翻清朝统治的革命斗争奠定了思想基础。

28. 答：第一，民族资本主义经济在国民经济中所占比重很小，始终没有成为中国社会经济的主要形式。

第二，在民族资本中，工业资本所占比重小，商业资本和金融资本所占比重大。

第三，民族资本主义工业主要是以纺织、食品工业为主的轻工业，缺乏重工业基础。

第四，民族资本所经营的工业，规模小，经营分散，技术设备落后，生产率低。

第五，民族资本主义经济和封建势力有关系。

29. 答：第一，全国人民的大团结，是中国人民战胜一切艰难困苦，实现抗战胜利的力量源泉。

第二，以爱国主义为核心的伟大民族精神是中国人民团结奋进的精神动力。

第三，中国人民热爱和平，反对侵略战争，同时又不惧怕战争。

30. 答：第一步，建成一个独立的比较完整的工业体系和国民经济体系。

第二步，全面实现农业、工业、国防和科学技术的现代化，使中国的经济走在世界前列。

三、论述题（本大题共 3 小题，考生任选其中 2 题作答，每小题 10 分，共 20 分。如果考生回答的题目超过 2 题，只按考生回答题目的前 2 题计分）

31. 答：第一，它沉重打击了封建统治阶级，强烈撼动了清政府的统治根基。特别是它坚持 14 年之久，革命势力扩展到 18 个省，这是以往历次农民起义都比不上的。

第二，它是旧式中国农民战争的高峰，具有不同于以往农民战争的新特点。特别是它颁布了《天朝田亩制度》，比较完整地表达了千百年来农民对土地的渴望；《资政新篇》则是中国近代史上第一个具有资本主义色彩的社会改革方案。

第三，它对儒家经典给以严厉的批判，一定程度地削弱了封建统治的精神支柱。

第四，它有力地打击了外国侵略势力。

第五，它鼓舞和推动了当时的亚洲民族解放运动，冲击了西方殖民主义在亚洲的统治。

32. 答：（1）武装斗争的重要性。大革命的失败使共产党人认识到了武装斗争的重要性。八七会议确定了土地革命和武装斗争的方针。

（2）走农村包围城市道路的必要性。继南昌起义、秋收起义、广州起义之后，中国共产党在海陆丰、琼崖、陕西等地区领导了近百次武装起义，但都失败了。失败的经验表明，中国革命只能走农村包围城市武装夺取政权的道路。

（3）走农村包围城市的可能性。毛泽东在《中国的红色政权为什么能够存在?》《井冈山的斗争》两篇文章中回答了红色政权存在和发展的原因和条件，阐明了走农村包围城市的可能性。

33. 答：第一，中共十一届三中全会冲破了长期"左"的错误思想的严重束缚，彻底否定了"两个凡是"的错误方针，高度评价了关于真理标准问题的讨论，并且断然否定"以阶级斗争为纲"的指导思想；做出了把工作重点转移到社会主义现代化建设上来和实行改革开放的战略决策，全会重新确立了马克思主义的思想路线、政治路线和组织路线。

第二，全会恢复了党的民主集中制的优良传统，审查解决了历史上遗留的一批重大问题和一些重要领导人的功过是非问题。

第三，全会结束了粉碎"四人帮"后两年在徘徊中前进的局面，开始了中国共产党在思想、政治、组织等领域的全面拨乱反正，形成了以邓小平为核心的党中央领导集体，拉开了改革开放的序幕。

全国高等教育自学考试
中国近现代史纲要模拟试卷（八）

（课程代码　03708）

第一部分　选择题（50分）

一、单项选择题（本大题共25小题，每小题2分，共50分。在每小题列出的
四个备选项中只有一个是符合题目要求的，请将其代码填写在题后的括号
内。错选、多选或未选均无分）

1. 在19世纪末西方列强瓜分中国的狂潮中，提出"门户开放"政策的国家是
（　　）。

    A. 美国 　　　　　　　　　　B. 日本

    C. 俄国 　　　　　　　　　　D. 德国

2. 1843年，魏源在《海国图志》中提出的思想主张是（　　）。

    A. 中学为体，西学为用 　　　B. 师夷长技以制夷

    C. 物竞天择，适者生存 　　　D. 维新变法，救亡图存

3. 十三届全国人大常委会第二次会议决定，将（　　）设立为烈士纪念日。

    A. 9月3日 　　　　　　　　　B. 12月13日

    C. 9月30日 　　　　　　　　　D. 10月13日

4. 以下不属于中国经济发展新形态内容的是（　　）。

    A. "四个全面"

    B. 从要素驱动投资驱动转向创新驱动

C. 从高速增长转为中高速增长

D. 经济结构不断优化升级

5. 到 19 世纪 90 年代，洋务派建成的新式海军中的主力是 （   ）。

    A. 北洋水师   B. 广东水师

    C. 南洋水师   D. 福建水师

6. 戊戌维新时期，维新派在上海创办的影响较大的报纸是 （   ）。

    A.《万国公报》   B.《国闻报》

    C.《湘报》   D.《时务报》

7. 在中国近代史上，资产阶级思想与封建主义思想的第一次正面交锋是 （   ）。

    A. 维新派与守旧派的论战   B. 洋务派与顽固派的论战

    C. 洋务派与维新派的论战   D. 革命派与改良派的论战

8. 20 世纪初，邹容发表的宣传民主革命思想的著作是 （   ）。

    A.《驳康有为论革命书》   B.《革命军》

    C.《警世钟》   D.《猛回头》

9. 近代中国历史上第一个全国性的资产阶级革命政党是 （   ）。

    A. 兴中会   B. 中国同盟会

    C. 中华革命党   D. 中国国民党

10. 第一次国共合作建立后，全国范围大革命风暴兴起的标志是 （   ）。

    A. 护国战争   B. 护法运动

    C. 北伐战争   D. 五卅运动

11. 1930 年 8 月，国民党民主人士邓演达领导成立的中间党派是 （   ）。

    A. 中国青年党   B. 中国民主同盟

    C. 中国国民党临时行动委员会   D. 中华职业教育社

12. 1931 年 11 月，当选为中华苏维埃共和国中央执行委员会主席的是 （   ）。

    A. 毛泽东   B. 周恩来

    C. 项英   D. 王稼祥

13. 1935 年 1 月，中国共产党召开的具有历史转折意义的会议是 （   ）。

    A. 八七会议   B. 古田会议

  C. 遵义会议   D. 洛川会议

14. 毛泽东在《论持久战》中指出，中国抗日战争取得胜利最关键的阶段是（　　）。

  A. 战略防御阶段   B. 战略相持阶段

  C. 战略反攻阶段   D. 战略决战阶段

15. 1946 年 6 月，国民党当局制造的镇压上海人民团体联合会请愿团的惨案是（　　）。

  A. 二七惨案   B. 校场口惨案

  C. 下关惨案   D. 确山惨案

16. 1947 年在国统区爆发的大规模的爱国学生运动是（　　）。

  A.“一二·九”运动   B.“一二·一”运动

  C.“一二·三〇”运动   D.“五二〇”运动

17. 1947 年 10 月发布的《中国人民解放军总部宣言》正式提出的行动口号是（　　）。

  A. 和平、民主、团结   B. 向北发展、向南防御

  C. 打倒蒋介石、解放全中国 D. 打过长江去、解放全中国

18. 中华人民共和国成立初期，社会主义国营经济建立的主要途径是（　　）。

  A. 没收官僚资本   B. 征用外国资本

  C. 赎买民族资本   D. 合并公营资本

19. 1962 年年初，中共中央为总结经验教训、明确工作方向召开的会议是（　　）。

  A. 南宁会议   B.“七千人大会”

  C. 成都会议   D. 武昌会议

20. 中华人民共和国成立后，第一颗人造地球卫星发射成功的时间是（　　）。

  A. 1964 年 10 月   B. 1966 年 10 月

  C. 1967 年 10 月   D. 1970 年 4 月

21. 1979 年元旦，全国人大常委会发表的重要文件是（　　）。

  A.《关于台湾回归祖国实现和平统一的方针政策》

  B.《告台湾同胞书》

C.《为促进祖国统一大业的完成而继续奋斗》

D.《反分裂国家法》

22. 中国共产党第一次完整地概括社会主义初级阶段基本路线的会议是（　　）。

A. 中共十三大 　　　　　　　　　B. 中共十四大

C. 中共十五大 　　　　　　　　　D. 中共十六大

23. 中国恢复对澳门行使主权的时间是（　　）。

A. 1997 年 7 月 1 日 　　　　　B. 1997 年 12 月 20 日

C. 1999 年 7 月 1 日 　　　　　D. 1999 年 12 月 20 日

24. 2013 年 11 月，做出《关于全面深化改革若干重大问题的决定》的会议是（　　）。

A. 中共十八届一中全会 　　　　　B. 中共十八届二中全会

C. 中共十八届三中全会 　　　　　D. 中共十八届四中全会

25. 20 世纪以来，中国经历的第三次历史性巨变是（　　）。

A. 辛亥革命，推翻统治中国几千年的君主专制制度

B. 五四运动，揭开新民主主义革命的序幕

C. 中华人民共和国的成立和社会主义制度的建立

D. 改革开放，为实现社会主义现代化而奋斗

第二部分　非选择题（50 分）

二、简答题（本大题共 5 小题，每小题 6 分，共 30 分）

26. 简述近代中国工人阶级的特点。

27. 为什么说 1912 年建立的南京临时政府是一个资产阶级共和国性质的革命政权？

28. 简述三湾改编的主要内容。

29. 简述中国革命统一战线中的两个联盟及其关系。

30. 简述毛泽东发表《论十大关系》一文的意义。

三、**论述题**（本大题共 3 小题，考生任选其中 2 题作答，每小题 10 分，共 20 分。如果考生回答的题目超过 2 题，只按考生回答题目的前 2 题计分）

31. 试述中国共产党成立的历史意义。

32. 试述中国人民抗日战争在世界反法西斯战争中的地位。

33. 试述社会主义改造基本完成的意义。

全国高等教育自学考试
中国近现代史纲要模拟试卷（八）
参考答案

（课程代码 03708）

一、单项选择题（本大题共 25 小题，每小题 2 分，共 50 分。）

1. A　2. B　3. C　4. A　5. A　6. D　7. A　8. B　9. B

10. D　11. C　12. A　13. C　14. B　15. C　16. D　17. C　18. A

19. B　20. D　21. B　22. A　23. D　24. C　25. D

二、简答题（本大题共 5 小题，每小题 6 分，共 30 分。）

26. 答：第一，深受帝国主义、封建势力和资产阶级的三重压迫和剥削，革命性最强。第二，人数虽少，但相对集中，便于形成革命力量和传播先进思想。第三，主要由破产农民和家庭手工业者转化而来，同农民有着天然联系，便于结成工农联盟。

27. 答：第一，在人员构成上，资产阶级革命派控制着政权。第二，其实行的各项政策措施，集中体现了中国民族资产阶级的愿望和利益。第三，临时参议院颁布的《中华民国临时约法》，是中国历史上第一部具有资产阶级共和国宪法性质的法典。

28. 答：一是将原有的一个师缩编为一个团；二是在部队中建立共产党各级组织，将党的支部建在连上；三是成立各级士兵委员会，部队内部实行民主管理。

29. 答：一个是劳动者的联盟，主要是工人、农民和城市小资产阶级的联盟，这是基本的、主要的；一个是劳动者与非劳动者的联盟，主要是劳动者与民族资产阶级的联盟，有时还包括与一部分大资产阶级的暂时联盟，这是辅助的，同时又是重要的。

30. 答：它是以毛泽东为代表的中国共产党人开始探索中国自己的社会主义建设道路的标志；从经济和政治等方面提出了新的指导方针，为中共八大的召开做了理论准备。

三、论述题（本大题共 3 小题，考生任选其中 2 题作答，每小题 10 分，共 20 分。如果考生回答的题目超过 2 题，只按考生回答题目的前 2 题计分）

31. 答：第一，它标志着中国革命终于有了一个坚强的领导核心，有了可信赖的组织者和领导者，使中国工人阶级有了自己的司令部。第二，中国革命从此有了一个科学的指导思想。中国共产党以马克思列宁主义基本原理观察和分析中国的问题，为中国人民指明了斗争目标、革命前途和胜利之路。第三，沟通了中国革命与世界革命的联系，把中华民族的解放运动同世界无产阶级社会主义革命运动相联结，使中国革命有了新的前途。自从有了中国共产党，中国革命的面目就焕然一新了。

32. 答：第一，中国人民抗日战争是世界反法西斯战争的东方主战场。中国抗战开始最早，持续时间最长，牵制和抗击了日军主要兵力，对日本侵略者的彻底覆灭起到了决定性作用。第二，中国人民的持久抗战，遏制了日本的"北进"计划，迟滞了日本的"南进"步伐，大大减轻了其他战场的压力，为盟军完成战略转折和实施战略反攻创造了有利条件。第三，中国作为亚洲太平洋地区盟军对日作战的重要后方基地，为盟国提供了大量战略物资和军事情报。中国军队出国作战，不仅打击了日军，还对盟军给予了实际支援。中国为战胜法西斯、维护世界和平付出了巨大牺牲，做出了伟大贡献。

33. 答：第一，社会主义改造的基本完成，使社会主义基本经济制度在中国全面地建立起来，是中国进入社会主义社会的最主要标志。第二，社会主义改造是在生产关系方面由私有制到公有制的一场伟大变革，对生产力的发展直接起到促进作用。通过社会主义改造，中国共产党领导全国各族人民创造性地完成了由新民主主义到社会主义的过渡，实现了中国历史上最伟大最深刻的社会变革。

第二篇
近年自考试题汇编

2019 年 4 月全国高等教育自学考试

中国近现代史纲要试卷

（课程代码　03708）

第一部分　选择题（50 分）

一、单项选择题（本大题共 25 个小题，每小题 2 分，共 50 分。在每小题列出的四个备选项中只有一个是符合题目要求的，请将其代码填写在题后的括号内。错选、多选或未选均无分）

1. 中国封建社会的主要矛盾是（　　）。

  A. 地主阶级和农民阶级的矛盾　　B. 帝国主义和中华民族的矛盾

  C. 资产阶级和工人阶级的矛盾　　D. 封建主义和资本主义的矛盾

2. 资本-帝国主义列强对中国的侵略，首先和主要的是（　　）。

  A. 政治控制　　　　　　　　　　B. 军事侵略

  C. 经济掠夺　　　　　　　　　　D. 文化渗透

3. 1911 年 4 月，资产阶级革命派发动的武装起义是（　　）。

  A. 惠州起义　　　　　　　　　　B. 河口起义

  C. 广州起义　　　　　　　　　　D. 武昌起义

4. 在 1911 年爆发的保路运动中，规模最大、斗争最激烈的省份是（　　）。

  A. 湖南　　　　　　　　　　　　B. 四川

  C. 广东　　　　　　　　　　　　D. 湖北

5. 五四运动爆发的直接导火线是（　　）。

  A. 北洋军阀日本提出的"二十一条"

B. 北洋军阀与日本签订"西原借款"合同

C. 巴黎和会上中国外交的失败

D. 华盛顿会议上中国外交的受挫

6. 1919 年，发表《我的马克思主义观》一文的是（　　）。

A. 陈独秀　　　　　　　　　B. 李大钊

C. 蔡和森　　　　　　　　　D. 杨匏安

7. 国民党在全国统治建立后，官僚资本的垄断活动首先和主要是（　　）。

A. 从农业方面开始的　　　　B. 从重工业方面开始的

C. 从商业方面开始的　　　　D. 从金融业方面开始的

8. 中国共产党独立领导革命战争、创建人民军队的开端是（　　）。

A. 南昌起义　　　　　　　　B. 秋收起义

C. 广州起义　　　　　　　　D. 百色起义

9. 1932 年，日本侵略者在中国策划建立的傀儡政权是（　　）。

A. 伪"华北自治政府"　　　　B. 伪"满洲国"

C. 伪"中华民国维新政府"　　D. 伪"中华民国国民政府"

10. 1933 年 5 月，国民党西北军将领冯玉祥领导成立的抗日武装力量是（　　）。

A. 东北抗日义勇军　　　　　B. 东北抗日联军

C. 察哈尔抗日同盟军　　　　D. 冀中回民支队

11. 1937 年，在淞沪会战中率领"八百壮士"孤守上海四行仓库的爱国将领是（　　）。

A. 佟麟阁　　　　　　　　　B. 赵登禹

C. 谢晋元　　　　　　　　　D. 戴安澜

12. 1938 年，毛泽东发表的系统阐述抗日战争特点、前途和发展规律的著作是（　　）。

A.《论反对日本帝国主义的策略》　B.《论持久战》

C.《抗日救国十大纲领》　　　　　D.《论联合政府》

13. 1945 年 4 月，包括解放区代表董必武在内的中国代表团出席的国际会议是
（　　）。

  A. 开罗会议   B. 德黑兰会议

  C. 雅尔塔会议   D. 旧金山会议

14. 中国西藏和平解放的时间是（　　）。

  A. 1948 年 10 月   B. 1949 年 10 月

  C. 1950 年 10 月   D. 1951 年 10 月

15. 我国对资本主义工商业进行社会主义改造的高级形式是（　　）。

  A. 加工订货   B. 统购包销

  C. 经销代销   D. 公私合营

16. 1956 年召开的中共八大指出，党和全国人民当前的主要任务是（　　）。

  A. 争取国家财政经济状况的根本好转

  B. 正确处理人民内部矛盾

  C. 把我国从落后的农业国变为先进的工业国

  D. 实现社会主义四个现代化

17. 1957 年 6 月开展的全国规模的群众性运动是（　　）。

  A. 肃反运动   B. 整风运动

  C. 反右派运动   D. 人民公社化运动

18. 1964 年，中国在科学技术领域取得的重要成就是（　　）。

  A. 第一颗原子弹试验成功   B. 第一颗氢弹试验成功

  C. 第一台万吨水压试制成功   D. 第一颗人造卫星发射成功

19. 1967 年，谭震林等对中央文革小组的错误做法进行的抗争被诬称为
（　　）。

  A. "一月风暴"   B. "反攻倒算"

  C. "右倾翻案"   D. "二月逆流"

20. 新中国恢复在联合国合法席位的时间是（　　）。

  A. 1949 年   B. 1056 年

  C. 1971 年   D. 1978 年

21. 1978 年 12 月，中国共产党召开的具有历史转折意义的重要会议是（　　）。

    A. 中共十一届三中全会　　　　　B. 中共十一届六中全会

    C. 中共十二届三中全会　　　　　D. 中共十二届六中全会

22. 邓小平在 1979 年 3 月的理论工作务虚会上明确提出，必须坚持（　　）。

    A. 四项基本原则　　　　　　　　B. "两手抓、两手都要硬"的方针

    C. "三个有利于"的标准　　　　　D. "一个中国"的原则

23. 1988 年，七届全国人大一次会议决定设立的经济特区是（　　）。

    A. 深圳经济特区　　　　　　　　B. 珠海经济特区

    C. 厦门经济特区　　　　　　　　D. 海南经济特区

24. 1997 年 7 月 1 日，中国在推进祖国统一大业方面迈出的重要一步是（　　）。

    A. 海峡两岸达成"九二共识"　　　B. 恢复对香港行使主权

    C. 海峡两岸举行"汪辜会谈"　　　D. 恢复对澳门行使主权

25. 2004 年，中共十六届四中全会提出的战略任务是（　　）。

    A. 构建社会主义和谐社会　　　　B. 建立社会主义市场经济体制

    C. 建设社会主义新农村　　　　　D. 全面建设小康社会

第二部分　非选择题（50分）

二、简答题（本大题共 5 小题，每小题 6 分，共 30 分）

26. 简述中国封建社会的基本特点。

27. 简述辛亥革命失败后孙中山为捍卫资产阶级民主革命成果所进行的斗争。

28. 简述中共三大的主要内容及意义。

29. 简述 1931 年召开的中华苏维埃第一次全国代表大会的主要内容。

30. 简述新民主主义社会的五种经济成分及其特点。

三、论述题（本大题共 3 小题，考生任选其中 2 题作答，每小题 10 分，共 20 分。如果考生回答的题目超过 2 题，只按考生回答题目的前 2 题计分）

31. 试述维新运动的历史意义。

32. 试述全国解放战争时期，各民主党派与中国共产党团结合作的主要表现。

33. 试述中共十八大后党和国家事业的历史性成就和历史性变革给我们的启示。

2019年4月全国高等教育自学考试
中国近现代史纲要试卷
参考答案

（课程代码 03708）

一、单项选择题（本大题共25小题，每小题2分，共50分）

1. A　　2. B　　3. C　　4. B　　5. C　　6. B　　7. D　　8. A　　9. B

10. C　　11. C　　12. B　　13. D　　14. D　　15. D　　16. C　　17. C　　18. A

19. D　　20. C　　21. A　　22. A　　23. D　　24. B　　25. A

二、简答题（本大题共5小题，每小题6分，共30分）

26. 答：（1）在经济上，封建土地所有制占主导地位，小农经济是其基本生产结构。

（2）在政治上，实行高度中央集权的封建君主专制制度。

（3）在文化上，以儒家思想为核心。

（4）在社会结构上，形成族权与政权相结合的封建宗法等级制度。

27. 答：（1）反对袁世凯刺杀宋教仁和"善后大借款"，发动"二次革命"。

（2）反对袁世凯称帝，发动护国运动。

（3）反对北洋军阀破坏《中华民国临时约法》和拒绝恢复国会，发动第一次、第二次护法运动。

28. 答：（1）中共三大集中讨论了建立革命统一战线的问题，决定全体共产党员以个人名义加入国民党。

（2）同时强调党必须在政治上、思想上、组织上保持自己的独立性。

（3）中共三大正确制定了建立革命统一战线的方针政策，有力推动了第一次国共合作的形成。

29. 答：（1）大会通过了《中华苏维埃共和国宪法大纲》以及土地法令、劳动法等法律文件。

（2）选举产生了中华苏维埃共和国中央执行委员会，宣告了中华苏维埃共和国临时中央政府的成立。

（3）毛泽东当选为中华苏维埃共和国临时中央政府主席。

30. 答：五种经济成分分别是社会主义性质的国营经济、半社会主义性质的合作社经济、农民和手工业者的个体经济、私人资本主义经济、国家资本主义经济。其特点是：既有社会主义因素，又有资本主义因素，本身具有过渡性。

三、论述题（本大题共 3 小题，考生任选其中 2 题作答，每小题 10 分，共 20 分。如果考生回答的题目超过 2 题，只按考生回答题目的前 2 题计分）

31. 答：（1）它是一次爱国救亡运动。在民族危亡的紧急关头，维新派掀起变法图存、维护民族独立和发展资本主义的救国运动，反映了时代要求。

（2）它是一场资产阶级性质的政治改革运动。维新派主张用君主立宪制取代君主专制制度，一定程度上冲击了封建专制制度。

（3）它是一场思想启蒙运动。维新派大力传播西方的社会政治学说，批判封建君权和封建纲常伦理，有利于民主主义思想在中国的传播。

（4）它在改革社会风气方面也有不可低估的意义。

32. 答：（1）重庆谈判和政协会议期间，各民主党派作为"第三方面"，同共产党一起为争取和平民主而共同奋斗。

（2）全面内战爆发后，民主党派中的大多数党派同共产党保持一致，拒绝参加国民党一手包办的"国民大会"，反对国民党炮制的"宪法"。

（3）民主党派的许多成员积极参加和支持中共领导的爱国民主运动，有的为此流血牺牲。

（4）在人民解放战争节节胜利的形势下，各民主党派公开宣言，同共产党一道，为推翻国民党的反动统治和建立新中国而共同奋斗。

33. 答：（1）必须始终坚持用党的理论创新成果武装头脑、指导实践。习近平新时代中国特色社会主义思想，是全党全国各族人民为实现中华民族伟大复兴而奋斗的行动指南，必须长期坚持。

（2）必须始终维护党中央和全党的核心。维护以习近平同志为核心的党中央权威，对党、国家和全国各族人民至关重要。

（3）必须始终坚持和加强党的全面领导。只有坚持和加强党的全面领导、推进全面从严治党，才能更好地实现中华民族伟大复兴的中国梦。

2019 年 10 月全国高等教育自学考试
中国近现代史纲要试卷

（课程代码 03708）

第一部分 选择题（50 分）

一、**单项选择题**（本大题共 25 个小题，每小题 2 分，共 50 分。在每小题列出的四个备选项中只有一个是符合题目要求的，请将其代码填写在题后的括号内。错选、多选或未选均无分）

1. 1861 年，清政府设立的综理洋务的中央机关是（ ）。

    A. 江南制造总局   B. 京师同文馆

    C. 总理各国事务衙门   D. 外务部

2. 戊戌维新时期，维新派在上海创办的影响较大的报纸是（ ）。

    A.《时务报》   B.《国闻报》

    C.《湘报》   D.《万国公报》

3. 在 1911 年爆发的保路运动中，规模最大、斗争最激烈的省份是（ ）。

    A. 四川   B. 湖南

    C. 广东   D. 湖北

4. 中国历史上第一部具有资产阶级共和国宪法性质的法典是（ ）。

    A.《中华民国宪法》   B.《钦定宪法大纲》

    C.《中华民国约法》   D.《中华民国临时约法》

5. 国民党在全国统治建立后，官僚资本的垄断活动首先和主要是（ ）。

    A. 从农业方面开始的   B. 从工业方面开始的

    C. 从商业方面开始的   D. 从金融业方面开始的

6. 1933 年 5 月，在张家口领导成立察哈尔民众抗日同盟军的国民党爱国将领是（   ）。

    A. 蔡廷锴   B. 蒋光鼐

    C. 冯玉祥   D. 李济深

7. 1935 年，日本帝国主义为扩大对华侵略而制造的事变是（   ）。

    A. 九一八事变   B. 华北事变

    C. 卢沟桥事变   D. 八一三事变

8. 1936 年 10 月，中国工农红军第一、二、四方面军胜利会师于（   ）。

    A. 陕北保安地区   B. 陕北洛川地区

    C. 陕北瓦窑堡地区   D. 甘肃会宁、静宁地区

9. 1947 年 10 月 10 日，《中国人民解放军宣言》正式提出的口号是（   ）。

    A. 和平、民主、团结   B. 向北发展，向南防御

    C. 打倒蒋介石，解放全中国 D. 将革命进行到底

10. 1949 年 4 月 21 日，中国人民解放军发起的重大战役是（   ）

    A. 辽沈战役   B. 淮海战役

    C. 平津战役   D. 渡江战役

11. 1956 年召开的中共八大指出，党和全国人民当前的主要任务是（   ）。

    A. 争取国家财政经济状况的根本好转

    B. 正确处理人民内部矛盾

    C. 把我国从落后的农业国变为先进的工业国

    D. 实现社会主义四个现代化

12. 1959 年，在中共中央召开的庐山会议上受到错误批判的是（   ）。

    A. 彭德怀   B. 刘少奇

    C. 周恩来   D. 邓小平

13. 1962 年年初，中共中央为总结经验教训、明确工作方向召开的会议是（   ）。

    A. 南宁会议   B. "七千人大会"

    C. 成都会议   D. 郑州会议

14. 1964 年，新中国取得的重大科技成就是（   ）。

    A. 第一颗原子弹试验成功　　　　B. 第一颗氢弹试验成功

    C. 第一台万吨水压机试制成功　　D. 第一颗人造卫星发射成功

15. 新中国恢复在联合国合法席位的时间是（   ）

    A. 1949 年　　　　　　　　　　B. 1966 年

    C. 1971 年　　　　　　　　　　D. 1978 年

16. 中国进入改革开放和社会主义现代化建设新时期的历史起点是（   ）。

    A. 中共十一届三中全会　　　　　B. 中共十一届六中全会

    C. 中共十二大　　　　　　　　　D. 中共十三大

17. 邓小平在 1979 年 3 月的理论工作务虚会上首次明确提出，必须坚持（   ）。

    A. 以经济建设为中心

    B. 四项基本原则

    C. "两手抓、两手都要硬"的方针

    D. "三个有利于"的标准

18. 1984 年，中共十二届三中全会通过的重要文件是（   ）。

    A.《中共中央关于加快农业发展若干问题的决定》

    B.《中共中央关于经济体制改革的决定》

    C.《中共中央关于科学技术体制改革的决定》

    D.《中共中央关于教育体制改革的决定》

19. 1988 年，七届全国人大一次会议决定设立的经济特区是（   ）。

    A. 海南经济特区　　　　　　　　B. 珠海经济特区

    C. 厦门经济特区　　　　　　　　D. 深圳经济特区

20. 2005 年，十届全国人大三次会议通过的法律是（   ）。

    A.《中华人民共和国香港特别行政区基本法》

    B.《中华人民共和国国家安全法》

    C.《中华人民共和国澳门特别行政区基本法》

    D.《反分裂国家法》

21. 中共十八大提出，我国到 2020 年的奋斗目标是（   ）。

    A. 实现"四个现代化"   B. 基本实现现代化

    C. 全面建设小康社会   D. 全面建成小康社会

22. 2013 年 11 月，审议通过《关于全面深化改革若干重大问题的决定》的会议是（   ）。

    A. 中共十八届一中全会   B. 中共十八届二中全会

    C. 中共十八届三中全会   D. 中共十八届四中全会

23. 中共十九大强调，习近平新时代中国特色社会主义思想的核心要义是（   ）。

    A. 坚持和发展马克思主义   B. 坚持和发展中国特色社会主义

    C. 坚持人民民主专政   D. 坚持中国共产党领导

24. 中共十九大明确指出，我国社会主要矛盾已经转化为（   ）。

    A. 人民对于建立工业国的要求同落后的农业国的现实之间的矛盾

    B. 人民对于经济文化迅速发展的需要同经济文化不能满足人民需要的状况之间的矛盾

    C. 人民日益增长的物质文化需要和落后的社会生产之间的矛盾

    D. 人民日益增长的美好生活需要和不平衡不充分的发展之间的矛盾

25. 2010 年以来，中国已经成为世界（   ）。

    A. 第一大经济体   B. 第二大经济体

    C. 第三大经济体   D. 第四大经济体

第二部分　非选择题（50 分）

二、**简答题**（本大题共 5 小题，每小题 6 分，共 30 分）

26. 太平天国定都天京后先后颁布的两个社会改革方案及其特点。

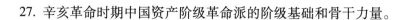

27. 辛亥革命时期中国资产阶级革命派的阶级基础和骨干力量。

28. 井冈山农村革命根据地创建的历史意义。

29. 延安整风运动的主要内容和意义。

30. 抗日战争胜利后的国际格局。

三、**论述题**（本大题共 3 小题，考生任选其中 2 题作答，每小题 10 分，共 20 分。如果考生回答的题目超过 2 题，只按考生回答题目的前 2 题计分）

31. 近代中国半殖民地半封建社会的特点。

32. 俄国十月革命对中国革命的影响。

33. 中华人民共和国成立的历史意义。

2019 年 10 月全国高等教育自学考试
中国近现代史纲要试卷
参考答案

（课程代码　03708）

一、单项选择题（本大题共 25 小题，每小题 2 分，共 50 分）

1. C　　2. A　　3. A　　4. D　　5. D　　6. C　　7. B　　8. D　　9. C

10. D　11. C　12. A　13. B　14. A　15. C　16. A　17. B　18. B

19. A　20. D　21. D　22. C　23. B　24. D　25. B

二、简答题（本大题共 5 小题，每小题 6 分，共 30 分）

26. 答：（1）1853 年冬，颁布《天朝田亩制度》。《天朝田亩制度》是一个以解决土地问题为中心的比较完整的社会改革方案，代表了农民平均分配土地的强烈愿望，反映了农民反对封建土地所有制的普遍要求。

（2）太平天国后期，干王洪仁玕提出《资政新篇》作为统筹全局的建议。《资政新篇》是一个带有鲜明的资本主义色彩的改革与建设方案，是最能体现太平天国社会理想和这次农民战争特点的纲领性文件，但通篇未涉及农民问题和土地问题。

27. 答：中国资产阶级民主革命是由孙中山为首的资产阶级革命派首先发动的，其阶级基础是中国民族资产阶级，骨干是一批资产阶级、小资产阶级和知识分子。

28. 答：（1）它点燃了"工农武装割据"的星星之火，为共产党领导的其他各地的起义武装树立了榜样。

（2）它从实践上开辟了一条在敌我力量悬殊。

（3）这条道路代表了1927年革命失败后中国革命的正确方向。

29. 答：

（1）主要内容：①反对主观主义以整顿学风，这是最主要的任务；②反对宗派主义以整顿党风；③反对党八股以整顿文风。

（2）意义：是一场伟大的思想解放运动，在全党范围确立起一切从实际出发、理论联系实际、实事求是的马克思主义思想路线。

30. 答：（1）帝国主义势力受到削弱，人民民主力量明显增长。

（2）逐步打破以维持欧洲大国均势为中心的传统的国际政治格局，形成了美苏两极的政治格局。

（3）第二次世界大战结束后不久，美国拟订了一个准备称霸世界的所谓"全球战略计划"。

三、论述题（本大题共3小题，考生任选其中2题作答，每小题10分，共20分。如果考生回答的题目超过2题，只按考生回答题目的前2题计分）

31. 答：（1）资本-帝国主义不但逐步操纵了中国的财政和经济命脉，而且逐步控制了中国的政治，日益成为支配中国的决定性力量。

（2）中国的封建势力同外国侵略势力相勾结，成为外国列强压迫、奴役中国人民的社会基础和统治支柱。

（3）中国自然经济的基础虽然遭到破坏，但是封建剥削制度的根基即封建地主的土地所有制依然在广大地区内保持着，成为中国走向现代化和民主化的严重阻碍。

（4）中国资本主义有所发展，并在政治、文化生活中起了一定的作用，但没有成为中国社会经济的主体，在帝国主义和封建主义的压迫下，它的发展很缓慢，力量很软弱，它的大部分与外国资本-帝国主义和本国封建主义或多或少有联系。

（5）由于近代中国处于外国列强的争斗和间接统治之中，加上中国地域广大，以及在地方性的农业经济的基础上形成了地方割据势力，近代中国各地区经济、政治和文化发展是极不平衡的。

（6）在帝国主义封建主义，后加官僚资本主义的压迫下，中国生活极端贫困化，政治权利缺乏。

32. 答："十月革命一声炮响，给我们送来了马克思列宁主义。"十月革命推动中国的先进分子从资产阶级民主主义转向社会主义。

（1）十月革命给予中国先分子一个启示，即经济文化落后的国家可以用社会主义思想指引自己走向解放之路。

（2）十月革命后，苏维埃俄国号召反对帝国主义，以新的平等姿态对待中国，推动了社会主义思想在中国的传播。

（3）十月革命中工人和士兵的广泛发动并由此赢得胜利的事实，昭示中国先进分子以新的方法开展革命。

（4）十月革命后，中国思想界产生了一批赞成十月革命、具有初步共产主义思想的知识分子。

33. 答：（1）帝国主义列强压迫中国、奴役中国人民的历史就此结束，中国人从此站起来了。

（2）本国封建主义、官僚资本主义统治的历史从此结束，中国人民在政治上翻了身，第一次成为新社会、新国家的主人。

（3）军阀割据、战乱频仍、匪患不断的历史就此结束，国家基本统一，民族团结，社会政治局面趋向稳定，各族人民开始过上安居乐业的生活。

（4）从根本上改变了中国社会的发展方向，为实现由新民主主义向社会主义的过渡，创造了政治前提。

（5）中国共产党成为全国范围内的执政党。

（6）总之，中华人民共和国的成立，标志着中国的新民主主义革命取得了基本的胜利，标志着半殖民地半封建社会的结束和新民主主义社会在全国范围内的建立。这是马克思主义同中国实际相结合的伟大胜利。

2020年8月全国高等教育自学考试
中国近现代史纲要试卷

（课程代码　03708）

第一部分　选择题（50分）

一、单项选择题（本大题共25个小题，每小题2分，共50分。在每小题列出的四个备选项中只有一个是符合题目要求的，请将其代码填写在题后的括号内。错选、多选或未选均无分）

1. 19世纪初，向中国大肆走私鸦片的主要国家是（　　）。

　　A. 美国　　　　　　　　　　B. 英国

　　C. 日本　　　　　　　　　　D. 俄国

2. 1858年，英国和法国等迫使清政府签订的不平等条约是（　　）。

　　A.《南京条约》　　　　　　　B.《黄埔条约》

　　C.《天津条约》　　　　　　　D.《北京条约》

3. 20世纪初，邹容发表的号召人民推翻清朝统治、建立"中华共和国"的著作是（　　）。

　　A.《驳康有为论革命书》　　　B.《革命军》

　　C.《警世钟》　　　　　　　　D.《猛回头》

4. 1911年4月，资产阶级革命派在黄兴带领下举行的起义是（　　）。

　　A. 广州起义　　　　　　　　B. 河口起义

　　C. 惠州起义　　　　　　　　D. 武昌起义

5. 1927年，中共八七会议确定的总方针是（　　）。

A. 推翻北洋军阀黑暗统治　　　　B. 建立工农民主统一战线

C. 开辟农村革命根据地　　　　　D. 开展土地革命和武装斗争

6. 1931 年 1 月至 1935 年 1 月，中国共产党内出现的主要错误倾向是（　　　）。

A. 右倾机会主义　　　　　　　　B. “左”倾盲动主义

C. “左”倾冒险主义　　　　　　　D. “左”倾教条主义

7. 1933 年 11 月，国民党爱国将领蔡廷锴和蒋光鼐等发动的抗日反蒋事件是（　　　）。

A. 宁都起义　　　　　　　　　　B. 福建事变

C. 西安事变　　　　　　　　　　D. 二二八起义

8. 1935 年，中国共产党提出抗日民族统一战线新政策的会议是（　　　）。

A. 瓦窑堡会议　　　　　　　　　B. 洛川会议

C. 中共六届六中全会　　　　　　D. 中共六届七中全会

9. 1946 年 6 月，国民党军队挑起全面内战的起点是（　　　）。

A. 重点进攻陕甘宁边区　　　　　B. 重点进攻山东解放区

C. 大举围攻中原解放区　　　　　D. 大举围攻东北解放区

10. 1949 年 3 月，毛泽东在中共七届二中全会上明确提出了（　　　）。

A. “和平、民主、团结”的方针

B. “成立民主联合政府”的主张

C. “打倒蒋介石，解放全中国”的口号

D. “两个务必”的要求

11. 在中共八大上，陈云提出的重要思想是（　　　）。

A. 双重监督　　　　　　　　　　B. 健全法则

C. “三个主体，三个补充”　　　　D. “两条腿”走路

12. 1962 年年初，中共中央为统一思想、总结经验教训和明确工作方向而召开的会议是（　　　）。

A. 南宁会议　　　　　　　　　　B. 武昌会议

C. 庐山会议　　　　　　　　　　D. “七千人大会”

13. 1964 年，新中国取得的重大科技成就是（　　　）。

A. 第一颗原子弹试验成功　　　　B. 第一颗氢弹试验成功

C. 第一台万吨水压机试制成功　　D. 第一颗人造卫星发射成功

14. 1967 年，老一辈革命家与中央文革小组错误做法进行的抗争被诬称为（　　）。

A. "一月风暴"　　　　　　　　B. "二月逆流"

C. "右倾翻案"　　　　　　　　D. "反攻倒算"

15. 1971 年 10 月，中华人民共和国在外交上取得的重大成果是（　　）。

A. 恢复了在世界卫生组织的合法席位

B. 实现了中日关系正常化

C. 恢复了在联合国的合法席位

D. 实现了中法关系正常化

16. 揭开我国社会主义改革开放序幕的会议是（　　）。

A. 中共十一届三中全会　　　　B. 中共十一届六中全会

C. 中共十二届四中全会　　　　D. 中共十二届六中全会

17. 1984 年，中共十二届三中全会通过的重要文件是（　　）。

A.《中共中央关于加快农业发展若干问题的决定》

B.《中共中央关于经济体制改革的决定》

C.《中共中央关于科学技术体制改革的决定》

D.《中共中央关于教育体制改革的决定》

18. 1988 年，中共中央和国务院决定建立的经济特区是（　　）。

A. 珠海经济特区　　　　　　　B. 汕头经济特区

C. 海南经济特区　　　　　　　D. 厦门经济特区

19. 中国共产党明确提出我国建立社会主义市场经济体制目标的会议是（　　）。

A. 中共十三大　　　　　　　　B. 中共十四大

C. 中共十五大　　　　　　　　D. 中共十六大

20. 2005 年，第十届全国人民代表大会第三次会议通过的法律是（　　）。

A.《中华人民共和国香港特别行政区基本法》

B.《中华人民共和国国家安全法》

C.《中华人民共和国澳门特别行政区基本法》

D.《反分裂国家法》

21. 2010 年以来，中国已经成为（ ）。

A. 世界第一大经济体　　　　　B. 世界第二大经济体

C. 世界第三大经济体　　　　　D. 世界第四大经济体

22. 中共十八大提出，我国到 2020 年的奋斗目标是（ ）。

A. 全面建成小康社会　　　　　B. 基本实现现代化

C. 全面建设小康社会　　　　　D. 实现"四个现代化"

23. 中共十九大强调，习近平新时代中国特色社会主义思想的核心要义是（ ）。

A. 坚持和发展中国特色社会主义　B. 坚持和发展马克思主义

C. 坚持人民民主专政　　　　　D. 坚持中国共产党领导

24. 2014 年 2 月，十二届全国人大常委会第七次会议确定的中国人民抗日战争胜利纪念日是（ ）。

A. 8 月 15 日　　　　　　　　B. 9 月 2 日

C. 9 月 3 日　　　　　　　　D. 9 月 30 日

25. 中国共产党明确提出中国特色社会主义进入新时代的会议是（ ）。

A. 中共十六大　　　　　　　　B. 中共十七大

C. 中共十八大　　　　　　　　D. 中共十九大

第二部分　非选择题（50 分）

二、简答题（本大题共 5 小题，每小题 6 分，共 30 分）

26. 19 世纪末，维新派与守旧派论战的主要问题及意义。

27. 兴中会的成立及其誓词。

28. 大革命失败后国民党政府实行军事独裁统治的主要表现。

29. 中国共产党的中流砥柱作用是中国人民抗日战争胜利的关键。

30. 中国各民主党派形成时的社会基础及其性质。

三、论述题（本大题共 3 小题，考生任选其中 2 题作答，每小题 10 分，共 20 分。如果考生回答的题目超过 2 题，只按考生回答题目的前 2 题计分）

31. 中国半殖民地半封建社会的主要矛盾及其相互关系。

32. 中国共产党成立的历史意义。

33. 中国共产党提出的过渡时期总路线反映了历史的必然。

2020 年 8 月全国高等教育自学考试
中国近现代史纲要试卷
参考答案

（课程代码 03708）

一、单项选择题（本大题共 25 小题，每小题 2 分，共 50 分）

1. B   2. C   3. B   4. A   5. D   6. D   7. B   8. A   9. C

10. D   11. C   12. D   13. A   14. B   15. C   16. A   17. B   18. C

19. B   20. D   21. B   22. A   23. A   24. C   25. D

二、简答题（本大题共 5 小题，每小题 6 分，共 30 分）

26. 答：

（1）主要问题：第一，要不要变法；第二，要不要兴民权，设议院，实行君主立宪；第三，要不要废八股，改科举和兴学堂。

（2）意义：这场论战实质上是资产阶级思想与封建主义思想在中国的第一次交锋，它为维新变法运动做了思想舆论准备。

27. 答：1894 年，孙中山在檀香山组织了中国第一个资产阶级革命组织——兴中会。1895 年，在香港成立兴中会总部，并以"驱除鞑虏，恢复中国，创立合众政府"为誓词。

28. 答：建立庞大的军队，严密控制和镇压广大人民。建立密布全国的特务系统，绑架或暗杀革命者和异己分子。大力推行保甲制度，保甲内各户实行联坐。厉行文化专制主义，剥夺人民的言论和出版自由。

29. 答：在抗日战争中，中国共产党坚持全面抗战路线，制定正确战略策略，开辟广大敌后战场，成为坚持抗战的中坚力量；中国共产党人以自己的政治主张、坚定意志、模范行动，支撑起全民族救亡图存的希望，引领夺取战争胜利的正确方向，成为夺取战争胜利的民族先锋。

30. 答：社会基础主要是民族资产阶级、城市小资产阶级以及同这些阶级相联系的知识分子和其他爱国分子。其性质是这些阶级、阶层的人们，在反帝爱国和争取民主共同要求基础上形成的阶级联盟性质的政党。在它们的成员和领导骨干中，还有一定数量的革命知识分子和少数共产党人。

三、论述题（本大题共 3 小题，考生任选其中 2 题作答，每小题 10 分，共 20 分。如果考生回答的题目超过 2 题，只按考生回答题目的前 2 题计分）

31. 答：

中国半殖民地半封建社会的主要矛盾是帝国主义与中华民族的矛盾、封建主义与人民大众的矛盾，其中帝国主义与中华民族的矛盾是最主要的矛盾。两对主要矛盾之间的相互关系是：当外国列强向中国发动侵略战争时，阶级矛盾降到次要地位，民族矛盾上升到主要地位；当外国列强同中国封建政权相勾结，共同镇压中国革命，尤其是封建地主阶级对人民的压迫特别残酷时，阶级矛盾上升为主要矛盾。

32. 答：第一，中国革命终于有了一个坚强的领导核心，有了可信赖的组织者和领导者，中国工人阶级有了自己的司令部。第二，中国革命从此有了科学的指导思想。中国共产党以马克思列宁主义基本原理观察和分析中国问题，为中国人民指明了斗争目标、革命前途和胜利之路。第三，沟通了中国革命与世界革命的联系，把中华民族的解放运动同世界无产阶级社会主义革命运动相联结，使中国革命有了新的前途。自从有了中国共产党，中国革命的面貌就焕然一新了。

33. 答：第一，社会主义工业化是国家独立与富强的必然要求和必要条件。社会主义性质的国营经济力量相对强大，它是实现国家工业化的主要基础。第二，资本主义经济力量弱小，发展困难，不可能成为中国工业起飞的基础。中华人民共和国成立后，国家资本主义的发展，为资本主义工商业的社会主义改造积累了初步经验。第三，对个体农业的社会主义改造，是实现国家工业化的一个必要条件。中华人民共和国成立后，国家对个体农业进行社会主义改造积累了初步经验。第四，当时的国际环境也促使中国选择社会主义。

2020年10月全国高等教育自学考试
中国近现代史纲要试卷

（课程代码　03708）

第一部分　选择题（50分）

一、单项选择题（本大题共25个小题，每小题2分，共50分。在每小题列出的四个备选项中只有一个是符合题目要求的，请将其代码填写在题后的括号内。错选、多选或未选均无分）

1. 1840年鸦片战争前，中国封建社会的主要矛盾是（　　）。
  A. 地主阶级和农民阶级的矛盾　　B. 工人阶级和资产阶级的矛盾
  C. 地主阶级和资产阶级的矛盾　　D. 资产阶级和农民阶级的矛盾

2. 资本-帝国主义列强对中国的侵略，首先和主要是对（　　）。
  A. 政治控制　　　　　　　　　　B. 军事侵略
  C. 经济掠夺　　　　　　　　　　D. 文化渗透

3. 1895年，日本迫使清政府签订的不平等条约是（　　）。
  A.《南京条约》　　　　　　　　　B.《天津条约》
  C.《北京条约》　　　　　　　　　D.《马关条约》

4. 中国近代史上人民群众第一次大规模的反侵略武装斗争是（　　）。
  A. 三元里人民的抗英斗争　　　　B. 太平天国抗击洋枪队的斗争
  C. 台湾人民的抗日斗争　　　　　D. 义和团抗击八国联军的斗争

5. 1853年，太平天国颁布的纲领性文件是（　　）。

A.《原道觉世训》　　　　　　B.《十款天条》

C.《天朝田亩制度》　　　　　D.《资政新篇》

6. 太平天国由盛而衰的转折点是（　　）。

A. 长沙战役　　　　　　　　B. 北伐受挫

C. 天京事变　　　　　　　　D. 安庆失守

7. 19 世纪 60 至 90 年代，洋务派兴办洋务事业的指导思想是（　　）。

A. 师夷长技以制夷　　　　　B. 中学为体，西学为用

C. 物竞天择，适者生存　　　D. 维新变法，救亡图存

8. 洋务派创办的第一个规模较大的近代军事工业是（　　）。

A. 江南制造总局　　　　　　B. 金陵机器局

C. 马尾船政局　　　　　　　D. 天津机器局

9. 在中国近代史上，资产阶级思想与封建主义思想的第一次正面交锋是
（　　）。

A. 洋务派与顽固派的论战　　B. 洋务派与维新派的论战

C. 革命派与改良派的论战　　D. 维新派与守旧派的论战

10. 旧民主主义革命时期，中国反侵略斗争失败的最根本原因是（　　）。

A. 思想文化保守　　　　　　B. 经济技术落后

C. 社会制度腐败　　　　　　D. 军事装备落后

11. 1915 年 9 月在上海创办《青年杂志》的是（　　）。

A. 胡适　　　　　　　　　　B. 鲁迅

C. 陈独秀　　　　　　　　　D. 李大钊

12. 1921 年 8 月，中国共产党成立的领导工人运动的专门机关是（　　）。

A. 上海机器工会　　　　　　B. 中国劳动组合书记部

C. 省港罢工委员会　　　　　D. 中华全国总工会

13. 1930 年 8 月，国民党民主人士邓演达领导成立的中间党派是（　　）。

A. 中国国民党临时行动委员会　B. 中国青年党

C. 中国民主同盟　　　　　　D. 中华职业教育社

14. 1936 年 10 月，中国工农红军三大主力胜利会师的地点是（　　）。

A. 四川懋功地区   B. 甘肃会宁、静宁将台堡

C. 西康甘孜地区   D. 陕北吴起镇

15. 1937 年，日本帝国主义制造的侵华事件是（ ）。

A. 九一八事变   B. 一·二八事变

C. 华北事变   D. 卢沟桥事变

16. 1938 年 10 月广州、武汉失守后，中国抗日战争进入的阶段是（ ）。

A. 战略防御阶段   B. 战略相持阶段

C. 战略反攻阶段   D. 战略决战阶段

17. 新中国开始实施发展国民经济第一个五年计划的时间是（ ）。

A. 1950 年   B. 1951 年

C. 1952 年   D. 1953 年

18. 中国进入社会主义社会的主要标志是（ ）。

A. 中华人民共和国的成立

B. 党在过渡时期总路线的提出

C. 第一届全国人民代表大会的召开

D. 社会主义三大改造的完成

19. 邓小平在 1979 年 3 月的中央理论工作务虚会上明确提出，必须坚持（ ）。

A. "一个中国"的原则   B. "两手抓、两手都要硬"的方针

C. 四项基本原则   D. "三个有利于"的标准

20. 1997 年 7 月 1 日，中国在推进国家统一大业方面迈出的重要一步是（ ）。

A. 恢复对香港行使主权   B. 恢复对澳门行使主权

C. 海峡两岸举行"汪辜会谈" D. 海峡两岸达成"九二共识"

21. 2001 年，中国对外开放进入一个新阶段的标志是（ ）。

A. 加入世界贸易组织   B. 设立海南经济特区

C. 开放十四个沿海港口城市 D. 开发和开放上海浦东新区

22. 2012年，在我国进入全面建成小康社会决定性阶段召开的重要会议是（　　）。

　　A. 中共十五大　　　　　　　B. 中共十六大

　　C. 中共十七大　　　　　　　D. 中共十八大

23. 中共十八届三中全会审议通过的重要文件是（　　）。

　　A.《中共中央关于全面深化改革若干重大问题的决定》

　　B.《关于培育和践行社会主义核心价值观的意见》

　　C.《中共中央关于制定国民经济和社会发展第十三个五年规划的建议》

　　D.《关于新形势下党内政治生活的若干准则》

24. 中共十九大明确指出，我国社会主要矛盾已经转化为（　　）。

　　A. 人民对于建立工业国的要求同落后的农业国的现实之间的矛盾

　　B. 人民日益增长的美好生活需要和不平衡不充分的发展之间的矛盾

　　C. 人民日益增长的物质文化需要和落后的社会生产之间的矛盾

　　D. 人民对于经济文化迅速发展的需要同经济文化不能满足人民需要的状况
　　　　之间的矛盾

25. 中共十九大确定的我国基本实现社会主义现代化的时间是（　　）。

　　A. 2020 年　　　　　　　　B. 2025 年

　　C. 2035 年　　　　　　　　D. 2050 年

第二部分　非选择题（50分）

二、**简答题**（本大题共5小题，每小题6分，共30分）

26. 1926年至1927年，北伐战争的直接打击目标和战略方针。

27. 八一南昌起义的历史意义。

28. 抗日民族统一战线中的中间势力及争取中间势力的主要条件。

29. 抗美援朝战争的历史意义。

30. 中共十三大制定的社会主义现代化建设"三步走"的战略部署。

三、论述题（本大题共 3 小题，考生任选其中 2 题作答，每小题 10 分，共 20
　　分。如果考生回答的题目超过 2 题，只按考生回答题目的前 2 题计分）

31. 试论述孙中山三民主义学说的主要内容及其意义。

32. 试论述《中国人民政治协商会议共同纲领》规定的新中国的国体、政体及其意义。

33. 试论述毛泽东关于社会主义发展阶段和现代化建设战略目标与步骤的思想。

2020年10月全国高等教育自学考试
中国近现代史纲要试卷
参考答案

（课程代码　03708）

一、单项选择题（本大题共25小题，每小题2分，共50分）

1. B	2. B	3. D	4. A	5. C	6. C	7. B	8. A	9. D
10. C	11. C	12. B	13. A	14. B	15. D	16. B	17. D	18. D
19. C	20. A	21. A	22. D	23. A	24. B	25. C		

二、简答题（本大题共5小题，每小题6分，共30分）

26. 答：

北伐战争直接打击的目标：帝国主义支持的北洋军阀吴佩孚、孙传芳、张作霖。其战略方针：首先进军湖南、湖北，消灭吴佩孚；然后引兵东向，消灭孙传芳；最后，北上解决张作霖。

27. 答：第一，打响了武装反抗国民党反动统治的第一枪。第二，成为共产党独立领导革命战争、创建人民军队和武装夺取政权的伟大开端。第三，揭开了土地革命战争的序幕。

28. 答：中间势力主要是指民族资产阶级、开明绅士和地方实力派。争取中间势力的主要条件：一是共产党员要有充足的力量；二是要尊重中间势力的利益；三是要同顽固派做坚决的斗争，并能取得胜利。

29. 答：抗美援朝战争的胜利，打破了美国军队不可战胜的神话；极大地激发了全国人民的爱国主义和国际主义精神，成为恢复和发展国民经济，推动各项社会改革的巨大动力。新中国的国际威望空前提高，国家经济建设和社会改革赢得了一个相对稳定的和平环境。

30. 答：第一步，实现国民生产总值比1980年翻一番，解决人民的温饱问题。第二步，到20世纪末，使国民生产总值再增长一倍，人民生活达到小康水平。第三步，到21世纪中叶，人均国民生产总值达到中等发达国家水平，人民生活比较富裕，基本实现现代化。

三、论述题（本大题共3小题，考生任选其中2题作答，每小题10分，共20分。如果考生回答的题目超过2题，只按考生回答题目的前2题计分）

31. 答：

主要内容：民族主义，包括"驱除鞑虏，恢复中华"。一是以革命手段推翻清王朝，二是变"次殖民地"的中国为独立的中国。民权主义即"创立民国"，它是指推翻封建君主专制制度，建立资产阶级民主共和国。民生主义即"平均地权"，它的基本方案是核定地价，按价征税，涨价归公，按价收买。它的意义是：三民主义学说是一个比较完备的民主主义的革命纲领，它推动了革命思想的传播和革命运动的发展。

32. 答：

国体和政体：中华人民共和国为新民主主义即人民民主主义的国家，实行工人阶级领导的、以工农联盟为基础的、团结各民主阶级和国内各民族的人民民主专政。中华人民共和国的国家政权属于人民。人民行使国家政权的机关为各级人民代表大会和各级人民政府。各级政权机关一律实行民主集中制。其意义为：这一规定是《共同纲领》最基本、最核心的内容，其他各项内容都是服从和服务于它及体现它的。这一规定也从法律上正式确立了中国共产党在全国的执政地位。

33. 答：社会主义可能分为两个阶段：第一阶段是不发达的社会主义，第二阶段是比较发达的社会主义。后一阶段可能比前一阶段需要更长的时间。社会主义现代化建设的战略目标，是要把中国建设成为一个具有现代农业、现代工业、现代国防和现代科学技术的强国。为此，应当采取"两步走"的发展战略：第一步，建成一个独立的比较完整的工业体系和国民经济体系；第二步，全面实现农业、工业、国防和科学技术和现代化，使中国的经济走在世界前列。

2021年4月全国高等教育自学考试
中国近现代史纲要试卷

（课程代码　03708）

第一部分　选择题（50分）

一、单项选择题（本大题共25个小题，每小题2分，共50分。在每小题列出的四个备选项中只有一个是符合题目要求的，请将其代码填写在题后的括号内。错选、多选或未选均无分）

1. 鸦片战争前的中国社会性质是（　　）。

　　A. 奴隶社会　　　　　　　　　B. 封建社会

　　C. 资本主义社会　　　　　　　D. 半殖民地半封建社会

2. 第一次鸦片战争后，清政府与美国签订的不平等条约是（　　）。

　　A.《望厦条约》　　　　　　　　B.《黄埔条约》

　　C.《马关条约》　　　　　　　　D.《瑷珲条约》

3. 近代中国半殖民地半封建社会最主要的矛盾是（　　）。

　　A. 地主阶级与农民阶级的矛盾　　B. 封建主义与人民大众的矛盾

　　C. 资产阶级与工人阶级的矛盾　　D. 帝国主义与中华民族的矛盾

4. 1841年发生的人民群众大规模反侵略武装斗争是（　　）。

　　A. 台湾人民抗击日本侵略者的斗争

　　B. 太平天国抗击洋枪队的斗争

　　C. 义和团抗击八国联军的斗争

D. 三元里人民抗英斗争

5. 1840 至 1919 年，中国反侵略斗争失败的最根本原因是（   ）。

　　A. 经济技术落后　　　　　　　　B. 社会制度腐败

　　C. 思想文化保守　　　　　　　　D. 军事装备落后

6. 太平天国后期颁布的具有资本主义色彩的社会发展方案是（   ）。

　　A.《海国图志》　　　　　　　　B.《天朝田亩制度》

　　C.《资政新篇》　　　　　　　　D.《救亡决论》

7. 近代中国派遣第一批留学生是在（   ）。

　　A. 洋务运动时期　　　　　　　　B. 清末"新政"时期

　　C. 戊戌维新时期　　　　　　　　D. 辛亥革命时期

8. 新文学运动的第一篇白话文小说是 1918 年 5 月鲁迅发表的（   ）。

　　A.《药》　　　　　　　　　　　　B.《阿 Q 正传》

　　C.《狂人日记》　　　　　　　　D.《伤逝》

9. 中国共产党领导的中国工人运动第一个高潮的起点是（   ）。

　　A. 安源路矿工人罢工　　　　　　B. 香港海员罢工

　　C. 省港工人罢工　　　　　　　　D. 京汉铁路工人罢工

10. 1927 年，中共八七会议确定的总方针是（   ）。

　　A. 推翻北洋军阀的统治　　　　　B. 广泛开展工人运动

　　C. 建立工农民主统一战线　　　　D. 开展土地革命和武装斗争

11. 1933 年 11 月，在福州发动抗日反蒋事变的国民党爱国将领是（   ）。

　　A. 蔡廷锴和蒋光鼐　　　　　　　B. 佟麟阁和赵登禹

　　C. 冯玉祥和吉鸿昌　　　　　　　D. 张学良和杨虎城

12. 1936 年 10 月，中国工农红军三大主力胜利会师的地点是（   ）。

　　A. 西康甘孜地区　　　　　　　　B. 甘肃会宁、静宁将台堡

　　C. 四川懋功地区　　　　　　　　D. 陕北保安地区

13. 1938 年 3 月，国民党军队在抗日战争正面战场取得胜利的战役是（   ）。

　　A. 昆仑关战役　　　　　　　　　B. 桂南战役

　　C. 台儿庄战役　　　　　　　　　D. 枣宜战役

14. 1951 年年底至 1952 年春，中国共产党在党政机关工作人员中开展的运动是（　　）。

  A. 整风、整党运动   B. "五反"运动

  C. "三反"运动   D. "四清"运动

15. 新中国发展国民经济第一个五年计划的中心环节是（　　）。

  A. 重点发展城市经济   B. 优先发展重工业

  C. 重点发展农村经济   D. 优先发展轻工业

16. 1956 年，在中共八大上提出"三个主体，三个补充"思想的是（　　）。

  A. 李富春   B. 周恩来

  C. 董必武   D. 陈云

17. 1962 年年初，中共中央召开的总结经验教训、明确工作方向的会议是（　　）。

  A. 成都会议   B. "七千人大会"

  C. 北戴河会议   D. 武昌会议

18. 1966 年至 1976 年间在我国发生的全局性、长时间的"左"倾严重错误是（　　）。

  A. "大跃进"运动   B. "反右倾"斗争

  C. 反右派斗争扩大化   D. "文化大革命"

19. 新中国成功发射第一颗人造地球卫星的时间是（　　）。

  A. 1964 年 10 月   B. 1966 年 10 月

  C. 1967 年 6 月   D. 1970 年 4 月

20. 1971 年 10 月，新中国在外交上取得的重大成果是（　　）。

  A. 中日邦交正常化   B. 同缅甸等国妥善解决边界问题

  C. 恢复在联合国的合法席位 D. 同英国等国建立外交关系

21. 中国共产党于 1978 年 12 月召开的具有历史转折意义的会议是（　　）。

  A. 中共十一届三中全会 B. 中共十一届四中全会

  C. 中共十一届五中全会 D. 中共十一届六中全会

22. 全国人大常委会于 1979 年元旦发表的重要文件是（　　）。

A.《告台湾同胞书》

B.《反分裂国家法》

C.《为促进祖国统一大业的完成而继续奋斗》

D.《关于台湾回归祖国实现和平统一的方针政策》

23. 中共中央、国务院于 1988 年决定建立的经济特区是（　　　）。

A. 珠海经济特区　　　　　　　B. 汕头经济特区

C. 海南经济特区　　　　　　　D. 厦门经济特区

24. 中国对香港恢复行使主权的时间是（　　　）。

A. 1997 年 7 月 1 日　　　　　B. 1997 年 12 月 20 日

C. 1998 年 7 月 1 日　　　　　D. 1999 年 12 月 20 日

25. 2004 年 9 月，中共十六届四中全会提出的战略任务是（　　　）。

A. 建设社会主义新农村　　　　B. 全面建设小康社会

C. 全面建成小康社会　　　　　D. 构建社会主义和谐社会

第二部分　非选择题（50 分）

二、简答题（本大题共 5 小题，每小题 6 分，共 30 分）

26. 资产阶级维新派宣传维新变法的主要活动。

27. 中共二大制定的民主革命纲领。

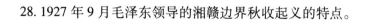

28. 1927 年 9 月毛泽东领导的湘赣边界秋收起义的特点。

29. 抗日民族统一战线中的顽固势力以及中国共产党与其斗争的政策和原则。

30. 20 世纪 50 年代，我国对资本主义工商业实行和平赎买政策的特点。

三、**论述题**（本大题共 3 小题，考生任选其中 2 题作答，每小题 10 分，共 20 分。如果考生回答的题目超过 2 题，只按考生回答题目的前 2 题计分）

31. 20 世纪初资产阶级革命派与改良派论战的主要内容及意义。

32. 中国新民主主义革命胜利的主要原因。

33. 习近平总书记关于实现中华民族伟大复兴中国梦的提出。

2021 年 4 月全国高等教育自学考试 中国近现代史纲要试卷 参考答案

（课程代码 03708）

一、单项选择题（本大题共 25 小题，每小题 2 分，共 50 分）

1. B	2. A	3. D	4. D	5. B	6. C	7. A	8. C	9. B
10. D	11. A	12. B	13. C	14. C	15. B	16. D	17. B	18. D
19. D	20. C	21. A	22. A	23. C	24. A	25. D		

二、简答题（本大题共 5 小题，每小题 6 分，共 30 分）

26. 答：第一，向皇帝上书；第二，著书立说；第三，介绍外国的变法；第四，办学会、办报纸、设学堂。维新派以各种方式宣传变法主张，培养骨干力量，制造社会舆论，希望通过争取光绪皇帝及帝党官员的支持，实行自上而下的变法。

27. 答：消除内乱，打倒军阀，建设国内和平；推翻国际帝国主义的压迫，达到中华民族完全独立；统一中国为真正的民主共和国。

28. 答：第一，放弃了"左派国民党"运动的旗号，公开打出了"工农革命军"的旗帜；第二，不仅是军队的行动，而且有数量众多的工农武装参加。

29. 答：顽固势力是指大地主大资产阶级的抗日派，即以蒋介石集团为代表的国民党亲英美派。他们采取两面政策，既主张抗日，又限共、反共并摧残进步势力。中国共产党与其进行斗争时，必须贯彻又联合又斗争的政策；坚持有理、有利、有节的原则。

30. 答：第一，有偿地而不是无偿地，逐步地而不是突然地改变资产阶级的所有制。第二，在改造资本家的同时，给他们以必要的工作安排。第三，不剥夺资产阶级的选举权，并对其代表人物给以恰当的政治安排。

三、论述题（本大题共 3 小题，考生任选其中 2 题作答，每小题 10 分，共 20 分。如果考生回答的题目超过 2 题，只按考生回答题目的前 2 题计分）

31. 答：

论战的主要内容：第一，要不要以革命手段推翻清政府。这是论战的焦点。第二，要不要推翻帝制，实行共和。第三，要不要社会革命。论战的意义：第一，划清了革命与改良的界限，使人们清楚地认识到实行民主革命的必要性，从而加入革命的行列。第二，使资产阶级民主思想和三民主义思想得到了更加广泛的传播，为推翻清朝统治的革命斗争奠定了思想基础。

32. 答：一是有了中国共产党的领导。它以马克思列宁主义基本原理与中国实际相结合的毛泽东思想作为一切工作的指针，制定出符合中国国情和人民利益的纲领、路线、方针和政策；它最有远见，最富于牺牲精神，最坚定，从而赢得了中国人民的衷心拥护。二是人民群众和各界人士的广泛参加和大力支持。工人、农民、城市小资产阶级群众是民主革命的主要力量；随着斗争的发展，民族资产阶级也逐步向共产党靠拢。三是国际无产阶级和人民群众的支持。

33. 答：中共十八大结束不久，习近平总书记在参观"复兴之路"展览时明确提出，实现中华民族伟大复兴就是中华民族近代以来最伟大的梦想，实现全面建成小康社会目标是实现中华民族伟大复兴中国梦的关键一步。习近平总书记在十二届全国人大一次会议上进一步强调，实现中华民族伟大复兴的中国梦，就是要实现国家富强、民族振兴、人民幸福。要实现中国梦就必须走中国道路，即中国特色社会主义道路；必须弘扬中国精神；必须凝聚中国力量。

2021年10月全国高等教育自学考试
中国近现代史纲要试卷

（课程代码　03708）

第一部分　选择题（50分）

一、单项选择题（本大题共25个小题，每小题2分，共50分。在每小题列出的四个备选项中只有一个是符合题目要求的，请将其代码填写在题后的括号内。错选、多选或未选均无分）

1. 鸦片战争前，中国封建社会的主要矛盾是（　　）。

    A. 地主阶级和农民阶级的矛盾　　B. 工人阶级和资产阶级的矛盾

    C. 资产阶级和农民阶级的矛盾　　D. 地主阶级和资产阶级的矛盾

2. 鸦片战争后，提出"师夷长技以制夷"思想的是（　　）。

    A. 林则徐　　　　　　　　　　　B. 郑观应

    C. 薛福成　　　　　　　　　　　D. 魏源

3. 20世纪初，资产阶级革命派与改良派论战的焦点是（　　）。

    A. 要不要废科举，兴学堂　　　　B. 要不要以革命手段推翻清政府

    C. 要不要实行共和　　　　　　　D. 要不要实行平均地权

4. 1905年成立的中国第一个资产阶级革命政党是（　　）。

    A. 中国同盟会　　　　　　　　　B. 兴中会

    C. 中华革命党　　　　　　　　　D. 国民党

5. 20世纪初，邹容发表的宣传资产阶级革命思想的著作是（　　）。

A.《猛回头》　　　　　　　　B.《警世钟》

C.《革命军》　　　　　　　　D.《驳康有为论革命书》

6. 中国历史上第一部具有资产阶级共和国宪法性质的法典是（　　　）。

A.《中华民国约法》　　　　　B.《中华民国宪法》

C.《钦定宪法大纲》　　　　　D.《中华民国临时约法》

7. 1913 年孙中山领导革命党人发动的反对袁世凯的斗争是（　　　）。

A. "二次革命"　　　　　　　B. 护国战争

C. 护法战争　　　　　　　　D. 北伐战争

8. 中国共产党第一次明确提出反帝反封建民主革命纲领的会议是（　　　）。

A. 中共一大　　　　　　　　B. 中共二大

C. 中共三大　　　　　　　　D. 中共四大

9. 1925 年全国范围大革命风暴兴起的标志是（　　　）。

A. 京汉铁路工人罢工　　　　B. 一二·九运动

C. 安源路矿工人罢工　　　　D. 五卅运动

10. 1930 年 1 月，毛泽东提出中国革命以乡村为中心思想的重要著作是
（　　　）。

A.《反对本本主义》

B.《星星之火，可以燎原》

C.《井冈山的斗争》

D.《中国的红色政权为什么能够存在?》

11. 中国共产党在长征途中召开的具有历史转折意义的会议是（　　　）。

A. 八七会议　　　　　　　　B. 洛川会议

C. 遵义会议　　　　　　　　D. 古田会议

12. 1945 年国共两党在重庆谈判中签署的文件是（　　　）。

A.《国内和平协定》　　　　　B.《和平建国纲领》

C.《政府与中共代表会谈纪要》　　D.《对时局的意见》

13. 1946 年 6 月，国民党当局制造的镇压上海人民团体联合会请愿团的惨案是
（　　　）。

A．济南惨案   B．校场口惨案

C．下关惨案   D．五二〇惨案

14. 1947 年，被国民党当局宣布为"非法团体"而被迫解散的中国民主党派是（   ）。

A．中国国民党革命委员会   B．台湾民主自治同盟

C．中国致公党   D．中国民主同盟

15. 1948 年 9 月，中国人民解放军发起战略决战的第一个战役是（   ）。

A．辽沈战役   B．平津战役

C．淮海战役   D．渡江战役

16. 毛泽东为新华社写的 1949 年新年献词是（   ）。

A．《丢掉幻想，准备斗争》   B．《目前形势和我们的任务》

C．《将革命进行到底》   D．《论人民民主专政》

17. 1967 年，老一辈革命家与中央文革小组错误做法进行的抗争被诬称为（   ）。

A．"一月风暴"   B．"二月逆流"

C．"反攻倒算"   D．"右倾翻案"

18. 1967 年，新中国在科学技术领域取得的重大成就是（   ）。

A．第一颗原子弹试验成功

B．第一颗氢弹试验成功

C．第一颗人造卫星发射成功

D．第一颗装有核弹头的中近程地地导弹发射成功

19. 我国关于真理标准问题大讨论开始的时间是（   ）。

A．1976 年 10 月   B．1978 年 5 月

C．1979 年 3 月   D．1981 年 6 月

20. 中国进入改革开放和社会主义现代化建设新时期的历史起点是（   ）。

A．中共十一届三中全会   B．中共十一届六中全会

C．中共十二届三中全会   D．中共十二届六中全会

21. 1987 年，中共十三大比较系统地阐述了（   ）。

A. 社会主义初级阶段理论　　　B. 社会主义本质理论

C. 社会主义市场经济理论　　　D. "三个有利于"标准的理论

22. 1990 年，中共中央和国务院为进一步推进对外开放做出的战略举措是（　　）。

A. 建立厦门经济特区　　　　　B. 建立海南经济特区

C. 开发、开放长江三角洲　　　D. 开发、开放上海浦东新区

23. 中共十六大提出，21 世纪头二十年我国的奋斗目标是（　　）。

A. 基本实现现代化　　　　　　B. 实现"四个现代化"

C. 全面建设小康社会　　　　　D. 全面建成小康社会

24. 中国自 2010 年已经成为（　　）。

A. 世界第一大经济体　　　　　B. 世界第二大经济体

C. 世界第三大经济体　　　　　D. 世界第四大经济体

25. 中国特色社会主义新时代开启的标志是（　　）。

A. 中共十五大的召开　　　　　B. 中共十六大的召开

C. 中共十七大的召开　　　　　D. 中共十八大的召开

第二部分　非选择题（50 分）

二、简答题（本大题共 5 小题，每小题 6 分，共 30 分）

26. 近代中国工人阶级的产生。

27. 新文化运动兴起的标志及其主要阵地。

28. 20 世纪二三十年代在中国政治舞台上影响较大的中间党派。

29. 毛泽东《论十大关系》的发表及其围绕的基本方针。

30. 中共十九大关于我国社会主要矛盾和基本国情的判断。

三、论述题（本大题共 3 小题，考生任选其中 2 题作答，每小题 10 分，共 20 分。如果考生回答的题目超过 2 题，只按考生回答题目的前 2 题计分）

31. 试述洋务运动的兴起及其指导思想和主要目的。

32. 试述日本侵略者在中国占领区建立的殖民政权。

33. 试述我国对农业社会主义改造的基本原则和方针。

2021 年 10 月全国高等教育自学考试
中国近现代史纲要试卷
参考答案

（课程代码 03708）

一、单项选择题（本大题共 25 小题，每小题 2 分，共 50 分）

1. A   2. D   3. B   4. A   5. C   6. D   7. A   8. B   9. D

10. B   11. C   12. C   13. C   14. D   15. A   16. C   17. B   18. B

19. B   20. A   21. A   22. D   23. C   24. B   25. D

二、简答题（本大题共 5 小题，每小题 6 分，共 30 分）

26. 答：鸦片战争后，外国在华企业中产生了中国最早的一批产业工人。19 世纪 60 年代后，在洋务企业中又产生了一批产业工人。19 世纪 70 年代后，在中国民族资本主义企业中，产业工人队伍再一次得以扩充。

27. 答：1915 年 9 月，陈独秀在上海创办《青年杂志》（后改名为《新青年》），成为新文化运动兴起的标志。1917 年 1 月，蔡元培就任北京大学校长，聘请陈独秀为文科学长，《新青年》编辑部随之迁到北京，李大钊等参加编辑部工作并成为主要撰稿人。北京大学和《新青年》编辑部成为新文化运动的主要阵地。

28. 答：邓演达领导的中国国民党临时行动委员会（又称第三党）、梁漱溟为首的乡村建设派、黄炎培为首的中华职业教育社。此外，还有中国青年党和中国国家社会党等。

29. 答：毛泽东先后在 1956 年 4 月 25 日中央政治局扩大会议和 5 月 2 日最高国务会议上做《论十大关系》的报告，总结我国经济建设的经验，借鉴苏联建设的经验教训，系统阐述了十大关系。报告的基本方针是：调动一切积极因素，把我国建设成为一个强大的社会主义国家。

30. 答：中国特色社会主义进入新时代，我国社会主要矛盾已经转化为人民日益增长的美好生活需要和不平衡不充分的发展之间的矛盾。我国社会主要矛盾的变化，没有改变我们对我国社会主义所处历史阶段的判断，我国仍处于并将长期处于社会主义初级阶段的基本国情没有变，我国是世界最大发展中国家的国际地位没有变。

三、论述题（本大题共 3 小题，考生任选其中 2 题作答，每小题 10 分，共 20 分。如果考生回答的题目超过 2 题，只按考生回答题目的前 2 题计分）

31. 答：洋务运动是在 19 世纪 60 年代清政府镇压太平天国农民起义过程中和第二次鸦片战争结束后兴起的。面对内忧外患引发的统治危机，地主阶级统治集团内部的洋务派进行了一系列"自救"活动。其指导思想是"中学为体，西学为用"，即以中国封建伦理纲常所维护的统治秩序为主体，用西方近代工业和技术为辅助，并以前者来支配后者。目的：首先是镇压太平天国农民起义；同时也是加强海防、边防，抵御外国侵略，从而维护和巩固封建统治。

32. 答：1895 年《马关条约》签订后，日本侵略者在台湾设立总督府，开始了对台湾长达 50 年的殖民统治。1931 年九一八事变后，日本侵略者通过其策划成立的伪"满洲国"，对中国东北实行殖民统治。1935 年华北事变后，日军策动、拼凑了一些地方性傀儡政权；1940 年 3 月，在日本侵略者操纵下，汪精卫在南京成立伪"中华民国国民政府"。这些地区实质上成为日本的独占殖民地。

33. 答：第一，走先合作化、后机械化的道路。在土地改革基本完成后，及时将农民"组织起来"作为农村工作的大事来抓。第二，充分利用和发挥土改后农民的生产积极性，通过由低到高的互助合作组织形式，实行积极发展、稳步前进、逐步过渡的方针。第三，坚持自愿和互利的原则，采取典型示范、逐步推广的方法，发展一批，巩固一批。第四，始终把是否增产作为衡量合作社是否办好的标准。第五，把社会改造同技术改造相结合。

2022 年 4 月全国高等教育自学考试
中国近现代史纲要试卷

（课程代码　03708）

第一部分　选择题（50 分）

一、**单项选择题**（本大题共 25 个小题，每小题 2 分，共 50 分。在每小题列出的四个备选项中只有一个是符合题目要求的，请将其代码填写在题后的括号内。错选、多选或未选均无分）

1. 太平天国农民战争爆发的标志是（　　）。

    A. 金田起义　　　　　　　　B. 永安建制

    C. 长沙战役　　　　　　　　D. 定都南京

2. 19 世纪末，资产阶级思想与封建主义思想的第一次正面交锋是（　　）。

    A. 洋务派与维新派的论战　　B. 洋务派与顽固派的论战

    C. 维新派与守旧派的论战　　D. 革命派与改良派的论战

3. 在 1905 年成立的近代中国第一个全国性的资产阶级性质的政党是（　　）。

    A. 中国同盟会　　　　　　　B. 国民党

    C. 中华革命党　　　　　　　D. 科学补习所

4. 20 世纪初，资产阶级革命派著书立说，传播民主革命思想。其中邹容发表的著作是（　　）。

    A.《中国问题的真解决》　　B.《警世钟》

    C.《革命军》　　　　　　　D.《驳康有为论革命书》

5. 标志中国新民主主义革命开端的运动是（　　　）。

    A. 保路运动　　　　　　　　B. 五四运动

    C. 五卅运动　　　　　　　　D. 一二·九运动

6. 1911 年 4 月，在黄兴的带领下，120 多名革命志士在广州举行起义，史称（　　　）。

    A. 赣宁之役　　　　　　　　B. 黄花岗起义

    C. 护国战争　　　　　　　　D. 护法战争

7. 在中国近代史上第一次明确提出反帝反封建民主革命纲领、解决了分清敌友这个革命首要问题的会议是（　　　）。

    A. 中共一大　　　　　　　　B. 中共二大

    C. 中共四大　　　　　　　　D. 中共六大

8. 1920 年 8 月，在上海出版的《共产党宣言》第一个中文全译本的译者是（　　　）。

    A. 陈独秀　　　　　　　　　B. 李大钊

    C. 蔡和森　　　　　　　　　D. 陈望道

9. 1925 年，掀起全国范围大革命高潮的起点是（　　　）。

    A. 中华全国总工会成立　　　B. 省港大罢工

    C. 安源路矿工人罢工　　　　D. 五卅运动

10. 1930 年成立的中国国民党临时行动委员会的主要领导人是（　　　）。

    A. 李璜　　　　　　　　　　B. 黄炎培

    C. 梁漱溟　　　　　　　　　D. 邓演达

11. 1935 年，中共中央政治局在长征途中召开扩大会议，开始确立以毛泽东为代表的马克思主义正确路线在党中央的领导地位。这次会议是（　　　）。

    A. 古田会议　　　　　　　　B. 瓦窑堡会议

    C. 遵义会议　　　　　　　　D. 洛川会议

12. 1937 年，日本帝国主义发动全面侵华战争的事变是（　　　）。

    A. 九一八事变　　　　　　　B. 一·二八事变

    C. 华北事变　　　　　　　　D. 卢沟桥事变

13.1938 年 3 月，国民党军队在抗日战争正面战场取得胜利的战役是（　　）。

    A. 淞沪战役　　　　　　　　B. 忻口战役

    C. 台儿庄战役　　　　　　　D. 枣宜战役

14. 新中国开始实施发展国民经济第一个五年计划的时间是（　　）。

    A. 1950 年　　　　　　　　B. 1951 年

    C. 1952 年　　　　　　　　D. 1953 年

15. 我国对资本主义工商业进行社会主义改造的高级形式是（　　）。

    A. 公私合营　　　　　　　　B. 经销代销

    C. 加工订货　　　　　　　　D. 统购包销

16. 毛泽东《论十大关系》报告所围绕的基本方针是（　　）。

    A. 独立自主，艰苦创业

    B. 调动一切积极因素，为社会主义事业服务

    C. 自力更生为主，争取外援为辅

    D. 走中国特色社会主义道路

17. 在新中国发展国民经济的第一个五年计划中，作为优先发展中心环节的是（　　）。

    A. 重工业　　　　　　　　　B. 第三产业

    C. 工商业　　　　　　　　　D. 内地工业

18.1956 年，在中共八大上提出"三个主体，三个补充"思想的是（　　）。

    A. 彭德怀　　　　　　　　　B. 陈云

    C. 邓小平　　　　　　　　　D. 周恩来

19.1962 年年初，中共中央在北京召开扩大的中央工作会议，总结经验教训，明确工作方向。这次会议是（　　）。

    A. 武昌会议　　　　　　　　B. 庐山会议

    C. "七千人大会"　　　　　　D. 亚非会议

20.1970 年，新中国在科学技术领域取得的重大成就是（　　）。

    A. 第一颗原子弹试验成功

    B. 第一颗氢弹试验成功

C. 第一颗中近程地地核导弹发射成功

D. 第一颗人造卫星发射成功

21. 1978 年 12 月，中国共产党召开的具有历史转折意义的、决定将全党工作重心转移到现代化建设上来的重要会议是（　　　）。

A. 中共十一届三中全会　　　　　B. 中共十二届三中全会

C. 中共十二大　　　　　　　　　D. 中共十三大

22. 1990 年，邓小平提出的关于中国农业改革与发展的思想是（　　　）。

A. "两个飞跃"　　　　　　　　　B. "三步走"

C. "两个大局"　　　　　　　　　D. "三补贴两减免"

23. 中国共产党明确提出我国建立社会主义市场经济体制目标的会议是（　　　）。

A. 中共十三大　　　　　　　　　B. 中共十四大

C. 中共十五大　　　　　　　　　D. 中共十六大

24. 2001 年，中国对外开放进入一个新阶段的标志是（　　　）。

A. 开放十四个沿海港口城市　　　B. 设立海南经济特区

C. 开发和开放上海浦东新区　　　D. 加入世界贸易组织

25. 中共十六大提出，我国在 21 世纪头二十年的奋斗目标是（　　　）。

A. 实现工业现代化　　　　　　　B. 全面建成小康社会

C. 全面建设小康社会　　　　　　D. 实现农业现代化

第二部分　非选择题（50 分）

二、简答题（本大题共 5 小题，每小题 6 分，共 30 分）

26. 简述洋务派创办的新式学堂。

27. 简述辛亥革命失败后孙中山为捍卫革命成果所进行的斗争。

28. 简述三湾改编的主要内容及意义。

29. 简述抗日游击战争的战略地位及其作用。

30. 简述新中国建立初期土地改革基本完成的历史意义。

三、**论述题**（本大题共 3 小题，考生任选其中 2 题作答，每小题 10 分，共 20
   分。如果考生回答的题目超过 2 题，只按考生回答题目的前 2 题计分）

31. 论述近代中国半殖民地半封建社会的特点。

32. 论述毛泽东《论人民民主专政》一文关于建立人民民主专政的新中国的主张。

33. 试述中共十九大提出的习近平新时代中国特色社会主义思想的核心内容。

2022 年 4 月全国高等教育自学考试

中国近现代史纲要试卷

参考答案

（课程代码 03708）

一、单项选择题（本大题共 25 小题，每小题 2 分，共 50 分）

1. A   2. C   3. A   4. C   5. B   6. B   7. B   8. D   9. B

10. D   11. C   12. D   13. C   14. D   15. D   16. B   17. A   18. B

19. C   20. D   21. A   22. A   23. B   24. D   25. C

二、简答题（本大题共 5 小题，每小题 6 分，共 30 分）

26. 答：

洋务派创办的新式学堂可分为 3 种类型：

（1）翻译学堂，主要培养翻译人才，有奕诉创办的京师同文馆、李鸿章创办的广方言馆。

（2）工艺学堂，包括电报、西医、铁路、矿务、工程等工种。

（3）军事学堂，属于专门培养军事指挥人才和训练作战技术的近代军事学校，如李鸿章创办的天津水师学堂、天津武备学堂，张之洞创办的广东水陆师学堂、湖北武备学堂及江南陆师学堂，曾国荃创办的江南水师学堂等。

27. 答：（1）"二次革命"；

（2）组织中华革命党；

（3）发动护国运动；

（4）发动第一次护法运动；

（5）第二次护法运动。

28. 答：1927 年 9 月 29 日毛泽东率领湘赣边界秋收起义部队到达江西永新县的三湾村，在此总结了起义以来部队行军作战的经验教训，具体讨论了部队的改编问题。

三湾改编的主要内容有：将参加秋收起义遇挫的部队由一个师缩编为一个团，在部队中建立共产党的各级组织，将党支部建在连上，成立各级士兵委员会，在部队中实行民主管理。

三湾改编的意义：三湾改编成为建设共产党领导的新型人民军队的重要开端。

29. 答：（1）在战略防御阶段，从全局看，国民党正面战场的正规战是主要的，敌后的游击战是辅助的。但是，游击战在敌后的广泛开展和敌后抗日根据地的开辟，迫使敌人不得不把用于进攻的兵力抽调回来保守其占领区，敌后游击战争对阻止日军进攻、减轻正面战场压力、促使战争转入战略相持阶段起了重要作用。

（2）在战略相持阶段，敌后游击战争成为主要的抗日作战方式。日军逐步将主要兵力用于敌后战场，以保持和巩固其占领地。敌后根据地的建立和武装力量的壮大还使得游击战为人民军队进行战略反攻准备了条件。

30. 答：（1）土地改革的完成，彻底摧毁了我国存在两千多年的封建地主土地制度，地主阶级也被消灭；

（2）农民翻了身，得到了土地，成为土地的主人；

（3）这使人民政权更加巩固，大大解放了农村生产力，农业生产获得迅速恢复和发展，为国家的工业化建设准备了重要条件。

三、论述题（本大题共 3 小题，考生任选其中 2 题作答，每小题 10 分，共 20 分。如果考生回答的题目超过 2 题，只按考生回答题目的前 2 题计分）

31. 答：（1）资本-帝国主义操纵了中国的财政和经济命脉，日益成为支配中国的决定性力量。

（2）中国的封建势力同外国侵略势力相勾结，成为外国列强压迫、奴役中国人民的社会基础和统治支柱。

（3）封建剥削制度的根基依然在广大地区内保持着，成为中国走向现代化和民主化的严重阻碍。

（4）中国资本主义有所发展，但始终没有成为中国社会经济的主体。

（5）中国各地区经济、政治和文化发展极不平衡，长期处于不统一状态。

（6）人民毫无政治权利，生活极端贫困化。

32. 答：1949 年 6 月 30 日，毛泽东发表的《论人民民主专政》一文系统地阐明了中国共产党关于建立人民民主专政的新中国的主张：

（1）人民民主专政的基础是工人阶级、农民阶级和城市小资产阶级的联盟。

（2）在上述联盟中，主要是工人阶级和农民阶级的联盟，因为这两个阶级占了中国人口的 80%～90%，推翻帝国主义和国民党反动派主要是这两个阶级的力量。由新民主主义到社会主义，主要依靠这两个阶级的联盟。

（3）为建立新中国，必须利用一切于国计民生有利而不是有害的城乡资本主义因素，团结民族资产阶级。但是民族资产阶级不能充当革命的领导者，也不应当在国家政权中占主要的地位。毛泽东指出：总结我们的经验，集团到一点，就是工人阶级（经过共产党）领导的以工农联盟为基础的人民民主专政。这个专政必须和国际革命力量团结一致。

33. 答：大会强调，坚持和发展中国特色社会主义，是习近平新时代中国特色社会主义思想的核心要义。大会提出了"明确坚持和发展中国特色社会主义，总任务是实现社会主义现代化和中华民族伟大复兴，在全面建成小康社会的基础上，分两步走。在本世纪 21 世纪中叶建成富强、民主、文明、和谐和美丽的"社会主义现代化强国"等"八个明确"，这是支撑习近平新时代中国特色社会主义思想的四梁八柱。大会提出了新时代坚持和发展中国特色社会主义的基本方略，即"坚持党对一切工作的领导"等"十四个坚持"，这是实现总任务的"路线图"和"方法论"，"八个明确"和"十四个坚持"有机融合、有机统一，是习近平新时代中国特色社会主义思想的核心内容。

2023 年 4 月全国高等教育自学考试
中国近现代史纲要试卷

（课程代码　03708）

第一部分　选择题（50 分）

一、单项选择题（本大题共 25 个小题，每小题 2 分，共 50 分。在每小题列出的四个备选项中只有一个是符合题目要求的，请将其代码填写在题后的括号内。错选、多选或未选均无分）

1. 在《校邠庐抗议》一书中对兴办洋务事业的指导思想最先做出比较完整表述的是（　　）。

    A. 魏源　　　　　　　　　　B. 冯桂芬

    C. 薛福成　　　　　　　　　D. 郑观应

2. 戊戌维新时期，谭嗣同撰写的宣传变法维新主张的著作是（　　）。

    A.《孔子改制考》　　　　　　B.《变法通义》

    C.《日本变政考》　　　　　　D.《仁学》

3. 以下不属于孙中山三民主义思想内容的选项是（　　）。

    A. 民本主义　　　　　　　　B. 民族主义

    C. 民权主义　　　　　　　　D. 民生主义

4. 1905 年，中国同盟会成立后确立的机关报是（　　）。

    A.《国闻报》　　　　　　　　B.《万国公报》

    C.《新民丛报》　　　　　　　D.《民报》

5. 1905 年至 1907 年，资产阶级革命派与改良派论战的重点是（　　）。

    A. 要不要进行社会革命　　　　　　B. 要不要以革命手段推翻清政府

    C. 要不要推翻帝制，实行共和　　　　D. 要不要改科举和兴西学

6. 中国历史上第一次比较完全意义上的资产阶级民主革命是（　　）。

    A. 戊戌维新运动　　　　　　　　　　B. 辛亥革命

    C. 五四运动　　　　　　　　　　　　D. 国民革命

7. 1911 年 4 月，革命党人在黄兴带领下举行的起义是（　　）。

    A. 钦州起义　　　　　　　　　　　　B. 惠州起义

    C. 广州起义　　　　　　　　　　　　D. 武昌起义

8. 1927 年大革命失败后，中国共产党确定土地革命和武装斗争方针的会议是
（　　）。

    A. 古田会议　　　　　　　　　　　　B. 八七会议

    C. 遵义会议　　　　　　　　　　　　D. 瓦窑堡会议

9. 1928 年 10 月，国民党通过法令，废除北洋时期在形式上还存在的议会制
度，该项法令是（　　）。

    A.《中华民国宪法》　　　　　　　　B.《中华民国约法》

    C.《军政纲领》　　　　　　　　　　D.《训政纲领》

10. 1928 年 12 月，从东北发出通告，宣布"遵守三民主义，服从国民政府，
改易旗帜"的是（　　）。

    A. 张学良　　　　　　　　　　　　　B. 张作霖

    C. 段祺瑞　　　　　　　　　　　　　D. 吴佩孚

11. 毛泽东明确提出"以乡村为中心"思想的重要著作是（　　）。

    A.《中国社会各阶级的分析》　　　　B.《湖南农民运动考察报告》

    C.《星星之火，可以燎原》　　　　　D.《反对本本主义》

12. 中国国民党临时行动委员会于 1930 年 8 月成立，其主要领导人是
（　　）。

    A. 邓演达　　　　　　　　　　　　　B. 张东荪

    C. 黄炎培　　　　　　　　　　　　　D. 张君劢

13. 1933 年，在福建发动抗日反蒋事变的国民党爱国将领是（　　）。

    A. 马占山和李杜   B. 冯玉祥和吉鸿昌

    C. 蔡廷锴和蒋光鼐   D. 张澜和胡厥文

14. 全民族抗战爆发后，中国军队取得第一次重大胜利的战役是（　　）。

    A. 平型关战役   B. 台儿庄战役

    C. 雁门关战役   D. 阳明堡战役

15. 1945 年 8 月，中共中央在《对目前时局的宣言》中明确提出的口号是（　　）。

    A. 向北发展、向南防御   B. 和平、民主、团结

    C. 抗战、团结、进步   D. 打倒蒋介石、解放全中国

16. 1948 年 4 月，毛泽东完整提出新民主主义革命总路线的文献是（　　）。

    A.《〈共产党人〉发刊词》   B.《新民主主义论》

    C.《在晋绥干部会议上的讲话》   D.《目前形势和我们的任务》

17. 毛泽东在《论十大关系》中提出的处理中国共产党和民主党派关系的方针是（　　）。

    A. 长期共存，互相监督   B. 同甘共苦，同舟共济

    C. 肝胆相照，荣辱与共   D. 以诚相待，患难与共

18. 新中国第一次提出实现农业、工业、国防和科学技术"四个现代化"奋斗目标的会议是（　　）。

    A. 一届全国人大一次会议   B. 二届全国人大一次会议

    C. 三届全国人大一次会议   D. 四届全国人大一次会议

19. 1978 年 12 月召开的新中国成立以来党的历史上具有深远意义的会议是（　　）。

    A. 中共十一届三中全会   B. 中共十一届四中全会

    C. 中共十一届五中全会   D. 中共十一届六中全会

20. 为推进祖国统一大业，1979 年 1 月 1 日，全国人大常委会发表的重要文献是（　　）。

    A.《关于台湾回归祖国实现和平统一的方针政策》

    B.《告台湾同胞书》

    C.《为促进祖国统一大业的完成而继续奋斗》

D.《反国家分裂法》

21. 1990 年 3 月，邓小平提出的关于中国社会主义农业改革与发展的思想是（   ）。

    A. "三个主体，三个补充"   B. "两个大局"

    C. "两个飞跃"   D. "三步走"

22. 2001 年，标志着中国对外开放进入新阶段的是（   ）。

    A. 建立厦门经济特区   B. 建立海南经济特区

    C. 开发、开放长江三角洲   D. 加入世界贸易组织

23. 在全国范围内取消农业税的时间是（   ）。

    A. 1990 年   B. 1999 年

    C. 2001 年   D. 2006 年

24. 将习近平新时代中国特色社会主义思想确立为党的行动指南的会议是（   ）。

    A. 中共十六大   B. 中共十七大

    C. 中共十八大   D. 中共十九大

25. 以下不属于党的十八大以来全方位外交发展成果的选项是（   ）。

    A. 中国恢复在联合国合法席位

    B. 实施共建 "一带一路" 倡议

    C. 发起创办亚洲基础设施投资银行

    D. 举办二十国集团领导人杭州峰会

第二部分　非选择题（50 分）

二、简答题（本大题共 5 小题，每小题 6 分，共 30 分）

26. 太平天国农民战争爆发的原因。

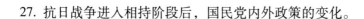

27. 抗日战争进入相持阶段后，国民党内外政策的变化。

28.《中国人民政治协商会议共同纲领》的作用、核心内容及其意义。

29. 从"一五"时期开始到 1976 年，新中国经济建设的重大成就及其意义。

30. 中共十八大阐明的中国特色社会主义的总依据、总布局和总任务。

三、论述题（本大题共 3 小题，考生任选其中 2 题作答，每小题 10 分，共 20 分。如果考生回答的题目超过 2 题，只按考生回答题目的前 2 题计分）

31. 18 世纪西方殖民主义扩张对中国的威胁。

32. 中国共产党第一次全国代表大会的主要内容。

33. 新中国成立初期的土地改革运动及其意义。

2023年4月全国高等教育自学考试
中国近现代史纲要试卷
参考答案

（课程代码 03708）

一、单项选择题（本大题共25小题，每小题2分，共50分）

1. B	2. D	3. A	4. D	5. B	6. B	7. C	8. B	9. D
10. A	11. C	12. A	13. C	14. A	15. B	16. C	17. A	18. C
19. A	20. B	21. C	22. D	23. D	24. D	25. A		

二、简答题（本大题共5小题，每小题6分，共30分）

26. 答：根本原因是封建专制政权及地主阶级对农民的政治压迫和经济剥削。清政府将鸦片战争所消耗的军费、战争赔款都摊派转嫁给农民；外国商品的输入和鸦片贩卖的激增，加速了中国社会经济的萎缩和人民生活的贫困；全国自然灾害频发，大量灾民流离失所。

27. 答：抗日战争进入相持阶段后，日本对国民党采取政治诱降为主、军事打击为辅的方针，国民党内外政策随之发生重大变化。国民党五届五中全会决定成立"防共委员会"，确定了"防共、限共、溶共、反共"的方针；蒋介石将抗战到底的含义解释为"恢复到卢沟桥事变以前的状态"。这标志着国民党由片面抗战逐步转变为消极抗战。

28. 答：1949年9月，中国人民政治协商会议第一届全体会议通过的《中国人民政治协商会议共同纲领》（简称《共同纲领》）起着临时宪法的作用。其中关于新中国的国体和政体的规定，是《共同纲领》最基本、最核心的内容。这项规定从法律上正式确立了中国共产党在全国的执政地位。

29. 答：新中国经济建设的重大成就是基本建立了独立的、比较完整的工业体系和国民经济体系，国家建成了一批门类比较齐全的基础工业项目，为国民经济进一步发展打下了坚实基础。

新中国经济建设的意义：独立的、比较完整的工业体系和国民经济体系的建立，从根本上解决了工业化中"从无到有"的问题，不仅使中国在政治独立之后赢得了经济独立，而且为中国以后的发展奠定了牢固的物质技术基础。

30. 答：中国特色社会主义的总依据是社会主义初级阶段；总布局是经济、政治、文化、社会、生态文明建设五位一体；总任务是实现社会主义现代化和中华民族伟大复兴。

三、论述题（本大题共 3 小题，考生任选其中 2 题作答，每小题 10 分，共 20 分。如果考生回答的题目超过 2 题，只按考生回答题目的前 2 题计分）

31. 答：随着资本主义制度在西方主要国家的先后确立和工业革命的进行，西方殖民主义者加紧对一些国家和地区进行军事、政治、经济和文化等方面的侵略，使其沦为列强所垄断的商品倾销市场、廉价劳动力与廉价原料的供应地和自由投资市场。西方列强为开辟新的市场和转移国内矛盾，不断发动新的侵略战争，并将目标瞄向中国。此后，英国政府为摆脱第一次资本主义经济危机，图谋用武力打开中国国门。

32. 答：大会通过了中国共产党第一个纲领和中国共产党第一个决议，确定党的名称为中国共产党；党的纲领是以无产阶级革命军队推翻资产阶级，采用无产阶级专政以达到阶级斗争的目的——消灭阶级、废除资本私有制以及联合共产国际等；规定了党员条件和党的纪律等；规定党成立后的中心任务是开展工人运动，以共产主义精神教育工人。大会选举产生了以陈独秀为书记的中央局作为党的领导机构。

33. 答：根据《中华人民共和国土地改革法》，从 1950 年冬到 1953 年春，新解放区农村开展了轰轰烈烈的土地改革运动。除一些少数民族地区外，土地改革基本完成，全国 3 亿多无地少地的农民无偿得到了 7 亿亩（1 亩 ≈ 666.67 平方米）

土地和大量生产资料。土地改革在全国范围的基本完成，彻底摧毁了封建制度的经济基础，消灭了封建土地所有制，使深受剥削压迫的中国农民得到解放，摆脱了宗法的人身束缚，极大解放了农业生产力。与此同时，依靠土改中形成的有觉悟有组织的骨干力量，建立了新中国农村的基层政权，为整个中国社会走向进步与稳定奠定了深厚基础。